# 経済学の名著50冊が1冊でざっと学べる

代々木ゼミナール講師
蔭山克秀
Katsuhide Kageyama

KADOKAWA

## とっても役立つ！「経済学の名著」珠玉の50冊

**代表的な経済思想を、ざっとでいいから知っておきたい。**とはいえ仕事も忙しいから、できれば手軽に学びたい。となると1冊にまとまっていて、分かりやすくて面白い本。そんな本は売ってないかな？

それさえ読めば、スミス・ケインズ・マルクスも、ピケティ・ディートン・アカロフも分かる。ハイエクやスティグリッツだって分かる。そんな便利で素敵な本なら、何を置いてもぜひ欲しい！　そう思うのは、きっと僕だけではないはず。

本書はそんな僕と、思いを同じくする皆さんのために書きました。

とはいえそんな便利な本を、「書く」のは地獄の苦しみでした。何といっても**今回の執筆テーマは「読んで書く」**。そう、お手軽に思想内容をまとめるのではなく、ちゃんと読んで、その内容を皆さんに分かりやすく解説するのです。

ＫＡＤＯＫＡＷＡからとんでもない重さの段ボール箱が届いた時には眩暈《めまい》がしました。恐る恐る開けてみると、中にはマルクスやケインズがびっしり！

しまった！　安請け合いするんじゃなかった――でも、もう後の祭り。僕は覚悟を決めて、予備校のオフ期である1月から3月の間、1日平均10時間を藤沢駅前のネットカフェで過ごし、ひたすらタバコを吸っては本を読み、執筆を続けました。あまりのつらさに途中香港に海外逃亡しましたが、結局ずっとフリードマンの『資本主義と自由』を読み、嫁さんにブチ切れられました。

しかし書き上げた今となっては、この執筆は本当にやってよかったと思っています。今回分かったことですが、**「経済学の名著」**を次々に読み進めていくと、いつの間にか経済学をどう考えればいいかという「相場感」が、自分の中に形成されていきます。すると**経済学の主流の考えや時代の流行、問題となるテーマなども理解できるようになり、世の中で起こる出来事も経済学的思考回路で考えられるようになっていきます。これらは教養として経済学を楽しむ人にも、ビジネスシーンで経済学を活《い》かしたい人にも、きっと役に立ちます。**

ですので、皆さんも本書をお読みになった後、「面白そうだな」と思う本があれば、ぜひ実際に読んでみてください。どんなに忙しい人でも、面白いと分かっている本ならば読めるものです。本書には、僕が実際にその本を読んだ時のリアルタイムの苦労や感動も書いていますので、そういう部分もご自身の読書の参考にしていただけたらと思います。そして実際に読むことで経済学的な感性が磨かれ、教養が深まり、話題の幅が広がれば、それは皆さんの大きな財産になってくれると思います。

最後になりましたが、本書の執筆にあたり、資料収集から酒の場で僕の泣き言まで、様々な面倒を見ていただいたＫＡＤＯＫＡＷＡの田河慶友さんに感謝の意を表します。本当にいろいろ助けていただき、ありがとうございました。それから、カバーのイラストを描いてくださった漫画家の丸紅茜先生、ありがとうございました。僕の本にはもったいないほどの、とても素敵なカバーです。あとネットカフェ「自遊空間　藤沢駅南口店」さん、毎日長時間頑張ったおかげで、いい本が書けました。ありがとうございました。

目次

Contents

Contents

Contents

## 第2章
## 経済発展と自由主義が分かる名著13冊
### 人間は経済をコントロールできるのか？

Contents

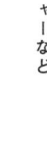

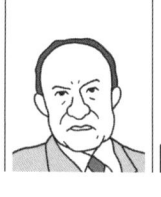

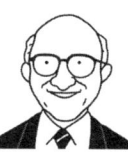

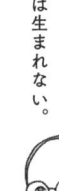

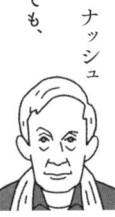

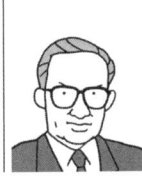

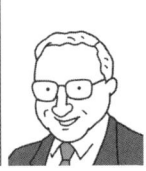

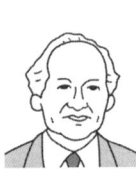

Contents

Contents

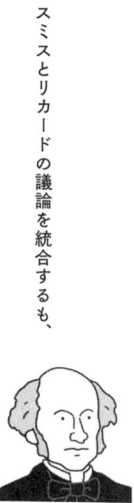

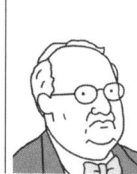

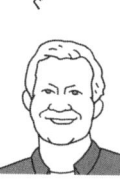

本文デザイン／斎藤充（クロロス）　本文イラスト／瀬川尚志　本文DTP／ニッタプリントサービス

第1章

# そもそも経済学って何？

「経済学」の基本が分かる名著13冊

# 1『国富論』（1776）

アダム・スミス

『国富論』山岡洋一 訳（日本経済新聞出版社）

**「経済学の父」は天才的な直観でその後の経済思想の源流を生み出した。重要キーワードは、「分業」「労働価値説」「貿易の自由」！**

アダム・スミス（1723〜1790）
イギリスの社会科学者、経済学者。古典派経済学の生みの親。グラスゴー大学教授、同大学総長などを歴任。

## 18世紀まで「経済学」は存在していなかった⁉

**「経済学の父」**といえばこの人、アダム・スミスだ。

今でこそ**「古典派経済学の祖」**として知られるスミスだが、当時の彼は経済学者ではなく、哲学者として知られていた。なぜか？――それはこの時代、まだ「経済学」という学問ジャンルがなかったからだ。

そもそも学問は、その分野の発展とともに栄えてくるものだ。たとえば社会のルールが「村の掟」しかなかった時代には、法学なんて発展するはずがない。経済学も同じだ。

「でも、アダム・スミスは18世紀の人でしょ。そんな最近まで、経済は発展していなかったって言うの？」

その通り。これは嘘みたいだが本当の話だ。実は**人類は、誕生してから18世紀までの間、経済をごくわずかしか発展させていない**のだ。なぜそんなことになったのか？――それは経済を、政治とからめて考えてみればよく分かる。つまりそれまでの時代は、世界中どこに行っても「政治的自由がなかった」のだ。

世界の国々は驚くほど長い間、特権階級により支配されてきた。世界中いたる所で、たとえば王に、たとえば教会に、たとえば大名や領主様に、人民は自由を抑圧されてきた。これは仕方のないことだ。人間は社会的動物だから、2人以上が集まれば、必ず社会が形成される。そして社会が形成されると、今度はリーダーが生まれる。そしてリーダーが生まれると「支配と従属」が生まれ、最後に支配者は、自らの地位と生活を守るため、たいがいの国で同じ体制をとる。そう、日本でもおなじみの**「封建制」**だ。

封建制とは「農民を土地に縛りつけ、そこから年貢を吸収」するシステムだ。この体制さえ確立すれば、特権階級は、何もしなくても裕福に暮らすことができる。しかしこれをやられると、経済は発展しない。なぜなら領主は「この体制を維持すること」だけを目指し、農民は自分の利益にならない仕事に、労働意欲が湧かないからだ。誰も前を向いていない。こんな自閉的な社会では、経済など発展しようもない。

こんな体制が、何百年も続いたのだ。これで経済学が発展したら奇跡だ。

しかしそんな中、経済がある日突然〝外〟に向かい始めた。**「重商主義」**の時代だ。

重商主義とは「絶対君主が商業と貿易を保護し、そこから利益を吸収」するシステムだ。そのやり方は非常にシンプルで、「国王が特定商人をえこひいき」する形をとって貿易で儲けさせ、そこから利益を吸収したのだ。この時えこひいきされたのがイギリスやフランス・オランダなどが設立した「東インド会社」、世界初の株式会社だ。東インド会社は東洋貿易の独占会社として、最初は王とつるみ、王が革命で倒された後は株主とつるみ、そして王からも株主からも見放された後は、植民地の現地権力者とつるんで活躍した。

絶対王政が栄えた16~18世紀、ヨーロッパの絶対君主たちは、自らの「権力コストの捻出」のため、この政策をとり始めた。時代は「大航海時代」。アジアにアフリカに南北アメリカにと、世界は確実に広がっていた。ならば貿易で儲けよう、そう考えるのは自然なことだ。イギリス・フランス・オランダなどは、それぞれ独自の東インド会社に貿易の特許（特別許可）を与え、これにより世界では「貿易と商業」が栄え始め、ようやく世界の経済は、封建制からひと皮むけたのだ。

しかしまだ、経済発展の条件が整ってない。確かに重商主義のおかげで商品経済は発達したが、肝心の「政治的自由」がない。つまり今自由なのは、王さまと東インド会社だけで、大半の人民は儲かっていないのだ。これでは「さあ稼ぐぞ！」という経済発展のためのインセンティブ（刺激）があるとは、とても言えない。

だからこの後、市民革命が起こった。絶対王政を倒したのだ。これでようやく自由を得た人々は、自らのための金儲けが許されたことで工夫と改良に熱が入り、その後の産業革命と経済学の発展につながっていったのだ。

スミスが生きたのは、まさにそんな時代だ。ならば専門の経済学者なんて、まだいるわけがない。彼の少し前に『経済表』を著したフランスの重農主義者ケネーなんか医者だ。だから彼は、グラスゴー大学の「哲学」教授出身でありながら、退任後、経済学の草分けともいえる名著『国富論』を書いたのだ。ちなみにスミスは、執筆前にフランスでケネーと会っている。そこでスミスは、ケネーから「再生産」や「資本蓄積」の視点を学び、その内容も本書につながったといわれている。

## 経済学はスミスへの〝突っ込み〟で発展していく

さてこのスミスの『国富論』、僕もかなり時間をかけて読んだ（というか、かなり時間がかかった）が、これは天才的なひらめきに満ちた本だった。なぜならそこには、彼自身が始祖となった「古典派経済学」だけでなく、**その後の様々な経済思想の源流ともいえる考え方が、非常に多く盛り込まれていた**からだ。

彼の前にあった経済思想といえば、重商主義と重農主義ぐらいだ。彼の前に学ぶべきサンプルは、ほとんどない。なのに『国富論』には、分業理論・利己心の概念・均衡価格の概念・国民所得の概念・「価値の尺度は労働」という労働価値説・自由放任主義・安価な政府などのアイデアがぎっしり詰まっている。ということは、スミスはこれらを、ほとんど独自の「経済的直観」で発見したことになる。

しかもこれらを、ドヤ顔で何度も何度も繰り返さず、本当にさらっと説明する。スミスの代名詞ともいえる**「見えざる手」**なんて、言葉としては本の中で1回しか出てこない。なのにアイデアは、泉のように次から次へと湧いてくる。とんでもないド天才だなスミス！　欲得まみれの資本主義をここまで鮮やかに解明するなんて、本当に道徳哲学の教授なのかこの人？

とはいえこの本、直観に頼っているせいか、スキが多い。矛盾や混同がけっこうあり、そこに整合性を持たせようとして、何箇所か文が変に歪《ゆが》んでいる。でもそれを、スキだらけのまま堂々と発表してくれるところがまた素敵だ。まるで吉本新喜劇の岡八郎だ。「この構えにスキがあったら、どっからなりともかかってこんか〜い！」とタンカを切った後、腰を引いてクネクネするやつだ（岡八郎を知らない人は調べてみてください）。

**「天才的な直観と隙だらけの理論」は、他の学者の「突っ込み欲」を刺激する。**後で紹介するリカードをはじめ、みんな喜々として突っ込みどころを探し、スミスをボコボコに叩《たた》いた。でも**その突っ込みと修正が理論を洗練させ、経済学を多方面から発展させた。**これならボコボコにされがいがある。スミスもにやりと笑って「今日はこれぐらいにしといたらぁ」と立ち上がれる。

しかし「スキだらけの天才」って無敵だな。哲学者のプラトンや棋士の加藤一二三もそうだけど、こういう人たちは何をやっても敬意が勝つため、尊敬が失われない。僕もここでは各方面で指摘されているスキの方は気にせず、その天才っぷりに敬意を表して紹介させてもらう。

## 「分業」は経済発展の重要キーワード

**『国富論』は、「分業」のすばらしさを説明するところから始まる。**

農業と違って、工業では分業ができる。たとえばピン(裁縫用の待ち針)の製造で考えてみると、たった1人で作ろうとしても、おそらく1日に1本も作れない。

そりゃそうだ。だって1人でピンを作るってことは、まず早起きして山へ登り、鉄鉱石を掘るところから始めなければならない。そして下山したら、火をおこして溶かし、精錬し、型を取り、鍛え、整え、磨く。ここまでしないと作れない。

メチャメチャ大変だ。しかもそれで1個10万円とかで売れるんならば頑張りがいもあるが、できるのはピン1本。10円にもなりゃしない。こんなもん刑罰だ。というか刑罰でもゴメンだ。もしも囚人が「懲役5年」「百叩き」「ピン製造」のどれか1つを選べと言われたら、みんな「ピンだけはゴメンだ‼」と泣きわめき、懲役5年と百叩きに殺到するだろう。

でも、この気の遠くなるような工程をすべて分業することで、作業は飛躍的に効率がよくなる。スミスが実際に見たピン製造所では、10人で1日4万8千本も作っていた。1人あたり何と「1日4800本」! ここまでできるのだ。労働者1人あたりの生産量を「労働生産性」というが、**分業はこの労働生産性をすばらしく高めてくれる。**

ただ**分業は、農業では思うほどできない**。耕す時期、ならす時期、種まきの時期、刈り入れの時期が全部違うため、「同時進行でそれぞれが1つだけの作業に集中」する分業に向いてない。だから農業では、土地改良や道具の工夫で多少頑張ることはできても、工業ほど労働生産性は高まらないのだ。

というわけで、**工業国の方が農業国よりも生産量が増え、社会は発展し、国民の最下層まで豊かさが行き渡る。つまり「豊かな国」になれる**のだ。

ちなみに分業は「他人との助け合い」だが、スミスによると相手の助けを得るコツは、相手の善意に期待するんじゃなく**「利己心」**に訴えること。つまり「私は困ってます。助けて」ではなく「**俺と組んで分業すれば、俺もお前も儲かるぜ**」と言われる方が、より確実に相手の助けを得られるのだ。

## 「労働価値説」を理解すれば市場が分かる!

人間には動物と違い、モノを交換し合う性質がある。つまり高度の社会性がある。これがあるから分業が成立し、その後の交渉や売買も成立する。つまり互いの能力の違いを、利用し合うことができるのだ。そしてその分業は、交換の場である「市場」が大きくなるほど細かく進み、それがますます市場を大きくする。

そして、**分業が進んで社会が大きくなると、万人が交換によって生活する「商業社会」になる。そうすると、「ものの価値の測り方(尺度)」と「交換の手段」が必要になる。**

ここでいう価値とは**「交換価値」**のことだ。価値には2種類あって、たとえば「水」のように、

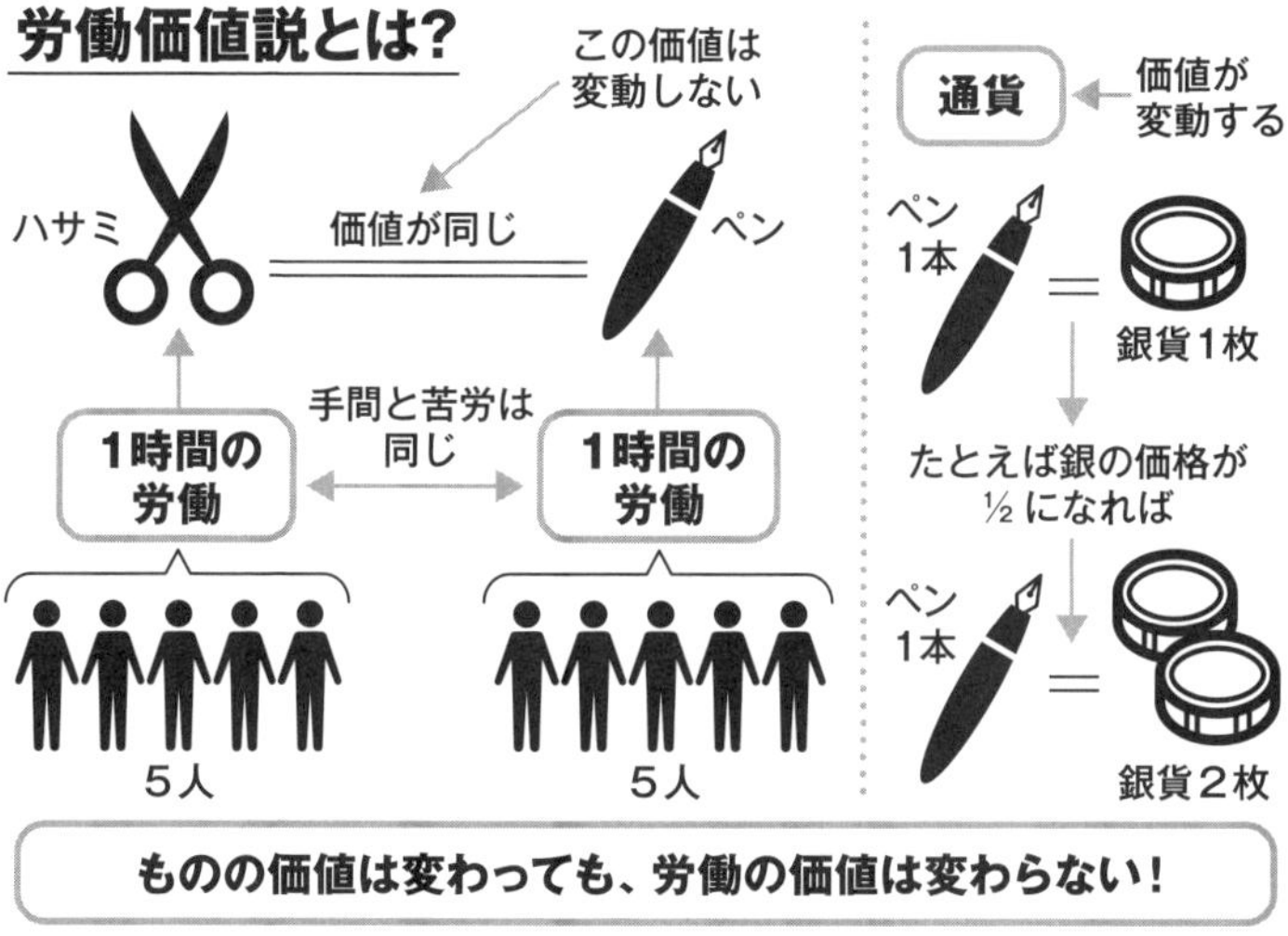


実生活では役立つが交換の役に立たないものの価値は「**使用価値**」、逆に「ダイヤモンド」のように、実生活では役立たないが多くのものと交換できる価値が「交換価値」だ。もちろんここでは「交換価値の測り方」の方を見ていく。

交換価値の測り方と言われれば、誰もが思いつくのが「**通貨**」だ。だがスミスは、**通貨では「真の価値」は測れない**と主張する。なぜなら通貨として使われる**金や銀は、価値が変動するから**だ。

何でもそうだが、ものの量が多すぎると、価値は下がる。もしもあなたの歯がすでに総金歯なら、たとえヤフオクで1本500円の素敵な金歯が出品されていても買わないだろう。あなたの中で金歯の価値が下がっているからだ。こんな「日によって長さが変わるモノサシ」で、真の価値なんか測れるはずがない。では何で測ればいいのだろう？

スミスの答えは「労働」だ。**労働こそが、商品の交換価値を測る真の尺度**なのだ。この考え方を「**労働価値説**」という。

たとえば、ハサミ1つが「5人で1時間かけて作ったもの」であり、ペン1本も「5人で1時間」だとすると、この2つは交換しても互いに損がないということになる。実際にはそういう物々交換の不便さを解消するために通貨という「交換手段」を使う（たとえばハサミもペンもそれぞれ「銀貨1枚で買える」）が、通貨は価値が変動する。

わかりやすく言えば、昨日はハサミが銀貨1枚だったのに、新たな銀山が見つかれば、今日は銀貨2枚になる可能性があるのだ。この場合は「5人で1時間」という労働の価値は変わってないが、それを体現する銀という素材の価値が下がっているのだ。

**ものの価値は変わっても、労働の価値は変わらない**。時や場所が変わっても、ハサミ1つを作る「手間と苦労」は変わらない。だから、実際の交換には通貨を使うかもしれないが、その交換価値を測る尺度となるのは労働なのだ。

ただし労働には「生産的労働」と「非生産的労働」の2つがある。前者は製造業などのことで、その利益を資本家が蓄積でき、さらなる再生産につなげられる労働だ。対して後者は、その場で消費されるサービスの類（家事使用人の仕事や文人・医師・法律家・芸人・歌手・ダンサーなど）で、こちらは資本家の再生産には貢献しない。

スミスならば国の富を増やす観点から、当然前者を重視するかと思いきや、何と一番のオススメは「倹約」（貯蓄）。つまり金持ちが非生産的労働に使うお金を「浪費」と見なし、それを切り詰めれば「資本蓄積→再生産による利益」が得られるという考え方だ。スミス自身はこれを「資本は倹約によって増加し、浪費と無謀な経営によって減少する」「浪費家は社会の敵、倹約家は社会の恩人」と表現している。

労働価値説に戻ろう。確かに商品の交換価値は労働の価値で測ることができるかもしれないが、**実際の商品「価格」は、労働の価値だけでは決まらない**。仮に資本も土地も使用しない狩猟社会ならば、狩りの手間さえ同じなら「ビーバー1匹と鹿2頭の交換」も可能だが、文明国の工業では、もっと色々使っている。

文明国の商品生産は、労働者の労働と資本家の資本（工場や道具、機械）、地主の土地の共同作業で行われている。よって実際の商品価格は、それぞれの取り分である「賃金・利益・地代」によって決まる。これで形成される価格が「**自然価格**」であり、この3つがすべての「収入」の源泉である。

自然価格と聞くと、「ああ、市場価格のことね」と思われそうだが、スミスはこの両者を区別している。自然価格は、賃金・利益・地代の相場感から自然に形成される「ちょうどいい価格」だ。対して**市場価格**は、その時市場に出回っている商品の量と、自然価格を支払う意思のある買い手（＝有効需要者）の数とのバランスで決まる価格だ。

スミスによると**価格というものは、自然価格を中心にして、市場価格がその周りを行ったり来たりし、最終的には常に真ん中にあるこのちょうどいい自然価格に収まろうとする**。これが彼の考える市場の働きだ。

ちなみに、市場に参加する人は、誰も「社会の利益」なんか考えない。**みんな自分の利益のことだけ考える。**それでも市場が「自由」なら、供給される商品の量は自然と有効需要に見合ったものとなり、意図してやるよりもずっと社会の利益を高められるのだ。そう、彼らは狙ってやったんじゃない。**「見えざる手」に導かれた**のだ。

しかしそうなると、「自由」を阻害する要素は許せない。そいつのせいで「見えざる手」は機能せず、社会の利益が高まらないからだ。スミスは**自由を阻害する大きな要素として「独占」を挙げ、東インド会社の独占を後押しする重商主義を批判**したのだ。

## 必要なのは「貿易の自由」と「小さな政府」

お金こそが国の富だと、一般的に考えられている。この考えに基づき、政府は「重商主義政策」を展開してきた。重商主義は、初期は金銀の獲得とその輸出禁止を内容とする「重金主義」として、その後はシンプルに「輸出>輸入」で稼ぐ「貿易差額主義」として発展してきた。これらはどちらも、金銀の蓄積や貿易収支黒字化のために政府が行う「保護政策」だが、こんな統制や特権だらけの貿易は、スミスに言わせれば「無意味から無意味へのシフト」にすぎない。

それよりも**大事なのは「貿易の自由」**だ。貿易の自由さえあれば、政府がまったくケアしなくても、必要なものもお金も手に入る。つまり重農主義者の言葉を借りれば**「自由放任（レッセフ**

## 「見えざる手」とは?

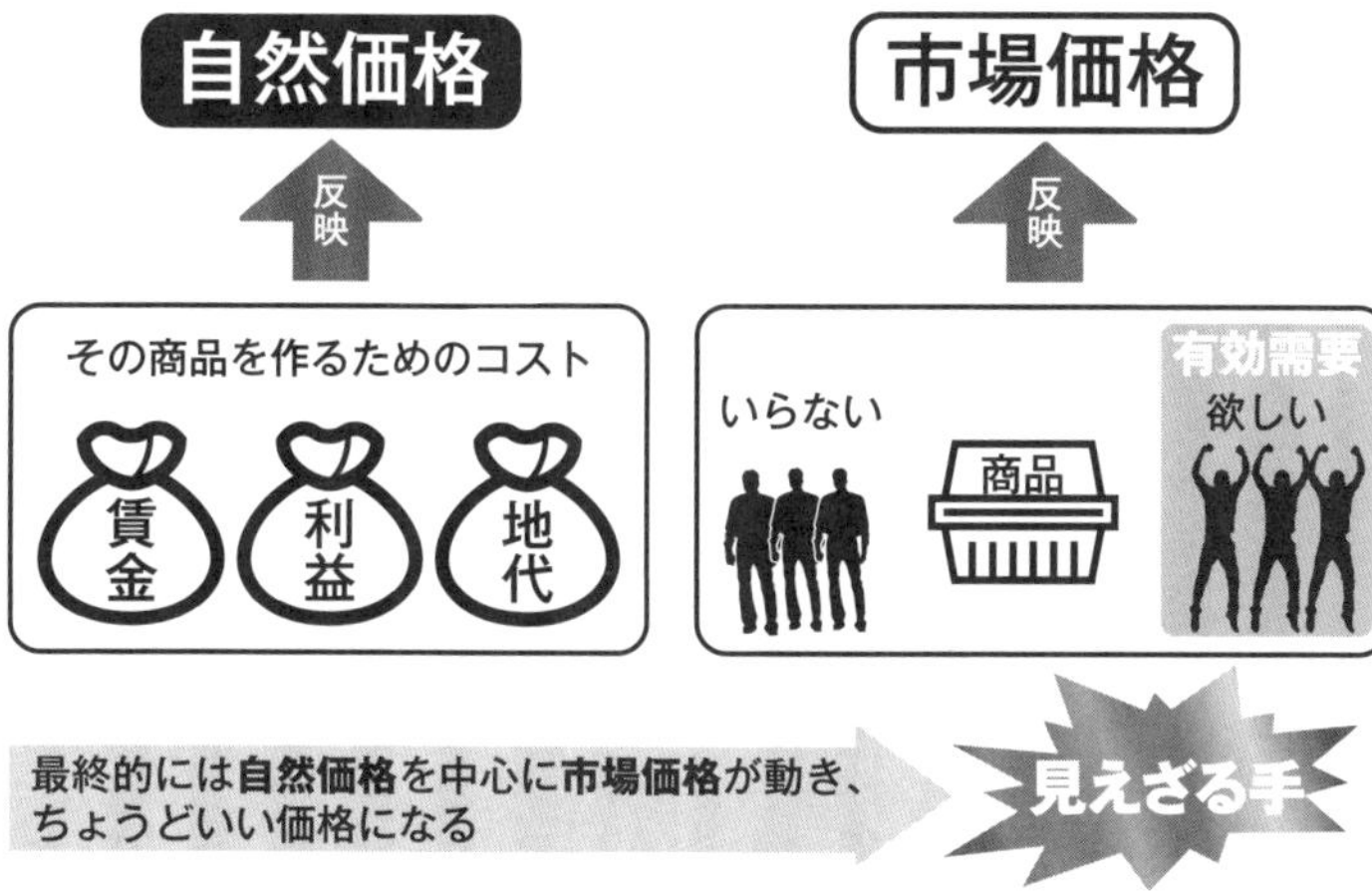


**エール)」**だ。

政府には、人々が何を欲しがっているのか考えてほしい。人が欲しているのは、お金ではなく「お金で買える〝もの〟」だ。ならば**必要なのは、自由の神が見守る市場で、「見えざる手」にすべてを委ね、供給と有効需要の出会いの場を、自然な状態にしておくこと**だ。「うちで余っているものは、よそでは足りないかもしれない」――この出会いの場を広げるだけで、全体の利益につながるのだ。

ただし、市場は万全ではない。**政府も最小限の手は差し伸べるべき**だ。だからスミスは、完全な自由放任ではなく、たとえば国防・司法の一部・教育・社会資本など、必要ではあるが市場の自然な働きに任せておいては不十分なもののためには、公費支出もありという立場を示している。まあそれでも、国家としては最小限だ。こういう政府のあり方を、今日は**「小さな政府」「安価な政府」**と呼ぶ。

『国富論』は、正直ダレる部分も多かった。後半は多くの日本人にとってなじみの薄い世界の経済史だし、1つ1つの説明に、長すぎるとしか言いようのない具体例を延々と付けている。あとこの人、改行も少ない。改行が少ないと文章は圧迫感が強くなるが、本書には最長で「6ページも改行なし」の箇所もあった。

でも、いい発見もあった。資本の分類や株式会社の発端、紙幣の始まりなど、割と僕らが普段の予備校講義であやふやにしている所がとても詳しく書かれていて、勉強になった。だから『国富論』をこれから読もうと思われる方は、短時間で読もうとせず、1ヵ月ぐらいかけてじっくり丁寧に読むことをオススメします。ぜったいい勉強になります。

**ポイント**

**アダム・スミスが唱えた「分業」「労働価値説」「貿易の自由」は経済学の基礎となる重要な考え方**

## 2『人口論』（1798）

トマス・ロバート・マルサス

『人口論』斉藤悦則 訳（光文社古典新訳文庫）

**アダム・スミスの系譜を継ぐ経済学者は社会の現実から、決して目を背けない。ネガティブに理想主義をネチネチ批判する**

トマス・ロバート・マルサス
（1766〜1834）
イギリスの経済学者。東インド会社カレッジ教授を務める。

### 饒舌なネガティブ思考が面白い！

マルサスは、牧師であり人口学者であり、アダム・スミスの系譜を受け継ぐ古典派経済学者の1人だ。

マルサスを有名にしたのは『人口論』だ。この本だけ読むと「あれ？　この人、全然経済学者っぽくないぞ」と思われそうだが、それもそのはず。この本は「人口学」の本であって経済学の本ではない。分析に多少経済学的手法を用いてはいるが、本質的には別物だ。彼の古典学派としての実績を見たいのなら、別の著書である『経済学原理』を読めばいい。そこではマルサスが経済学者として、スミスの学説を大筋支持しつつも、自由放任主義や労働価値説への批判などを展開している。

ただしここでは『人口論』を取り上げる。なぜなら**この本こそが、マルサスらしさ全開のたいへん面白い本**だからだ。

『人口論』は簡単に言うと、**「このまま人口増加が進めば、近い将来必ず食料不足が起こるよ」という警告の本**だ。

「は？　今さら何当たり前のこと言ってんの？　そんなのあんたに言われなくても、みんな知ってるよ」と今の僕らは思ってしまうが、マルサスがこの本を書いた18世紀末、イギリスでマルサス同様、悲観的な考えを示す人は、きわめて少なかった。

当時のイギリスは、どちらかというと楽観論に支配されていた。世は産業革命真っ盛り。工業生産力は飛躍的に高まり、世の中は栄え、物質的に豊かになり、労働者の賃金は上がっていた。もちろん人口増加に気づいている人たちもいたが、彼らはむしろ「生産力と消費アップのためにも、人口はどんどん増やしてこーぜ！」ととらえ、人口増加をマイナス要素とはとらえていなかった。

ところがマルサスは、そんな好景気に浮かれるイギリス人たちに、冷や水をぶっかける。「おいおいあんたら、いくら工業生産が増えたって、食い物がなきゃ死ぬんだぜ。しかもこれ、遠い未来の話じゃなく、ほんの30年後の話」

**マルサスは暗い。常にネガティブで悲観的**で、しかもネガティブなことを喋《しゃべ》る時の方が、生き生きしていて饒舌だ。ウディ・アレンという映画俳優兼監督がいるが、この人の「生き生きとクヨクヨする」感じに似ている。あるいはテレビ東京の深夜番組『ゴッドタン』で見る〝腐り芸人〟か。こういう人たちからユーモアを引くと、マルサスになる。

マルサス自身は、自分の暗さを「ありのままの現実を描いたら、暗くなっただけだ」と言うが、ちょっと違う気がするな。『人口論』を読んだ率直な感想としては、この人、暗いというより口が悪い。いや、性格が悪い。人の批判をする時なんか「いったい何ページ続くんだ……」と心配になるほど、延々とこき下ろす。経済学は「陰気な科学」なんていわれるけど、これは完全にマルサスのせいだな。

さて、ではその問題の『人口論』、内容を見ていこう。

## 人口は「かけ算」、「食べ物」は「足し算」で増える

18世紀末の今日、世の中には現状肯定派と、よりよい社会の完成可能性を説く派がいる。彼らは互いに「お前はバカだ」「お前の言うことは空論だ」と、相手の言い分に耳を貸さず、言い争いばかりしている。でも彼らは、どちらも「大変な障害」が存在することに気づいていない。その障害とは「**人口増加**」。そう、マルサスたちはこの時、この「乗り越え不能な障害」に直面していたのだ。

マルサスはまず「人口は、常に生活物資の水準に押しとどめられる」という明白な真理の下、次の2つを自明の前提とした。

第一に、「食糧」は人間の生存にとって不可欠である。

第二に、「男女間の性欲」は必然的であり、ほぼ現状のまま将来も存続する。

## 人口が増える力＞食糧生産の力

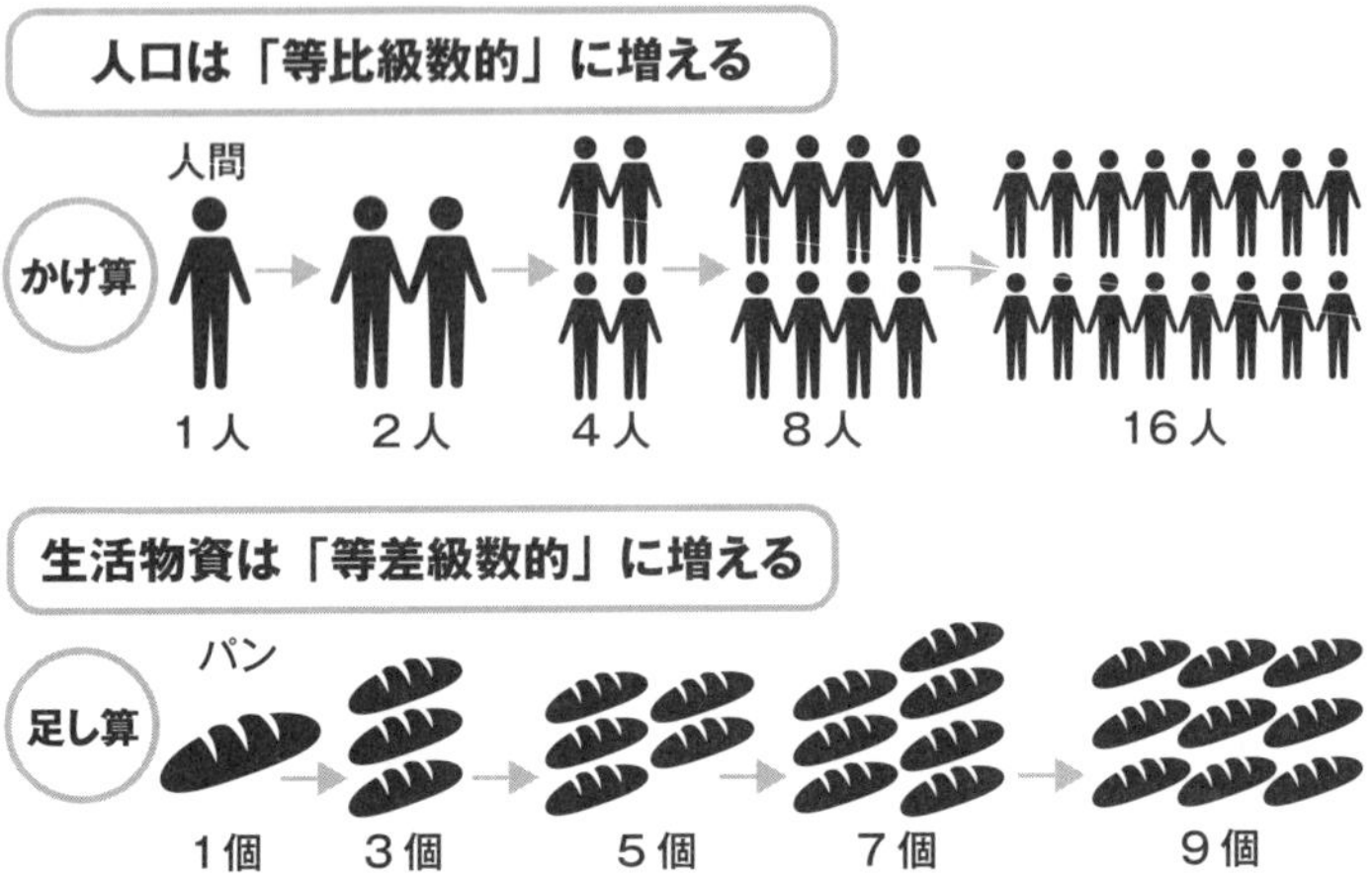


その上でマルサスは、人口と食糧増加率の違いを、この有名な表現で説明した。

**人口は、何の抑制もなければ「等比級数的」に増加する。一方、人間の生活物資の増え方は「等差級数的」である。**

「等比級数的」とは「等比数列の規則に従って」という意味だ。等比数列は、左の数字に一定の数字を「かける」と次の項になる数列だから、たとえば

1・2・4・8・16・32……のような「かけ算の形」のことだ。

対して「等差級数的」とは「等差数列の規則に従って」の意味。等差数列は、左の数字に一定の数字を「足して」いけば次の項になる数列だから、たとえば

1・3・5・7・9・11……のような「足

し算の形」のことだ。

つまりマルサスは「**人口はかけ算で増えるのに、食べ物は足し算でしか増えない**」と言っているのだ。

何てこった！　つまり人口が増える力は、土地が食糧を生産する力より大きいのか。しかも人口は「常に生活物資の水準に押しとどめられる」ということは、この後、食糧不足が発生すれば、それが原因となって人口増加を抑制するってことだ。マルサスはこの抑制が、動植物なら「種子の浪費、病気、早死に」などの形で実現し、人間の場合は「**貧困と悪徳**」で実現すると言っている。

貧困と悪徳！　かなり強烈な言葉だが、確かにその通りかもしれない。マルサスはこれを随所で警告するが、特に「伝染病と出生率・死亡率に関する統計データ」をまじえて説明する箇所にうまくまとまっていたので、それを紹介しよう。

それによると、まず人口が増加して都市化が進むと、犯罪・売春（「結婚減→出生率低下」につながる）・奢侈《しゃし》・中絶・戦争などの悪徳や過密住宅・低賃金労働・食糧不足などの貧困で、ある程度人口が減る。それでも減り切らなかった場合は、今度はコレラやペストなどの伝染病が大ナタを振るう。それでも成果が不十分な時は、最後の最後に大飢饉が僕らを襲う。結局僕らの人口は、強引に食糧供給と同じレベルに押し下げられるのである。

それにしても「貧困と悪徳」って、何でマルサスは、わざわざこんなとげとげしい表現をチョイスするんだ？　わざと荒れそうな言葉を選んでないか？　もしもヤフー知恵袋に「私が考える効果的な人口抑制策は、飢餓・伝染病・戦争・体が不自由になった老人の遺棄・捨て子・堕胎・結婚を抑制するための売春宿の奨励などだと思いますが、皆さんはどう思われますか？」なんて質問を書いてくるヤツがいたら、十中八九「釣り」（相手の反応を楽しむためのネット投稿）だ。でもマルサスは本気だ。しかもこれらの問題は、内容からして、必然的に社会の下層階級で発生しやすい。

## 真実から目を背けるような政策は許されない

これは何とかならないのか？　たとえば当時イギリスには「**救貧法**」（全体から集めた金を貧者に分配）があったが、これで下層階級を助けてやれば、問題はないいんじゃないか？　しかし、マルサスはこれも批判する。仮に下層階級に金を配って、すべてに金が行き渡り、全員が肉を買えるようになるとどうなるか？　そこでは肉が品不足になって価格が上がり、買えなくなる。かといって、肉の生産を増やせばどうなるか？　今度はその分だけ穀物用の土地が犠牲になり、穀物が買えなくなる。**結局イギリスの救貧法は、食糧増加の見通しを立てないまま人口を増やしてしまうため、破綻する**のである。

この後本書では〝マルサス節〟が炸裂《さくれつ》し、救貧法をくそみそにけなす。こんな制度があるから貧民が甘え、家族を扶養できる見通しも立たないまま結婚し、子どもを増やす。これで人口が増えればさらに食糧不足が進み、食糧価格が高騰する。これは労働者にとっては「実質賃金の下落」

であり、結局マジメに働いている労働者が割を食う。

「人に依存せざるを得ないような貧困は、恥と考えるべきだ」

「家族を扶養できないくせに結婚する労働者は、ある意味、労働者仲間全体の敵だ」

「〝貧しければ社会に依存するのが当然〟という制度によって、人として最も備えておくべき恥の感情が弱まるのは、大きな間違いだ」

結局彼は**「救貧法撤廃」を主張**し、それよりも家族を養う難しさを理解させ、貧しさゆえに人に頼らざるを得なくなることを「恥」ととらえさせ、その結果人口抑制がなされるべきだとする考え（一種の「道徳的抑制」）を、ここでは説いている。

そして、**下層階級の困窮をなくすために、特にマルサスが推しているのが「農業」**だ。そもそも、人口増加で最も恐れているのは食糧不足なんだから、なら**貧民救済より土地の開墾を、工業より農業を、牧畜より農耕を奨励すべき**だ。そのためにも政府は、農業に報奨金を与え、商工業の同業者組合や徒弟制度を解体して農業所得を引き上げることに、あらゆる努力を傾けるべきだ。それで国民が「農業をやろう」という気になれば食糧供給は増大し、結局それが、労働市場に健康な労働力を供給することになり、国の生産力を増大させ、労働者の生活を改善することにもつながるのである。

マルサスの考えでは、**国が豊かになる自然な順序は「土地の耕作の高度化→製造業の発展→外国貿易」の順**だ。ところがヨーロッパでは、それが逆になっている。つまり、土地に用いられる資本の剰余が生じて、それで製造業が起こったのではなく、製造業の資本に剰余が生じて、それで土

**国が豊かになる自然な順序**

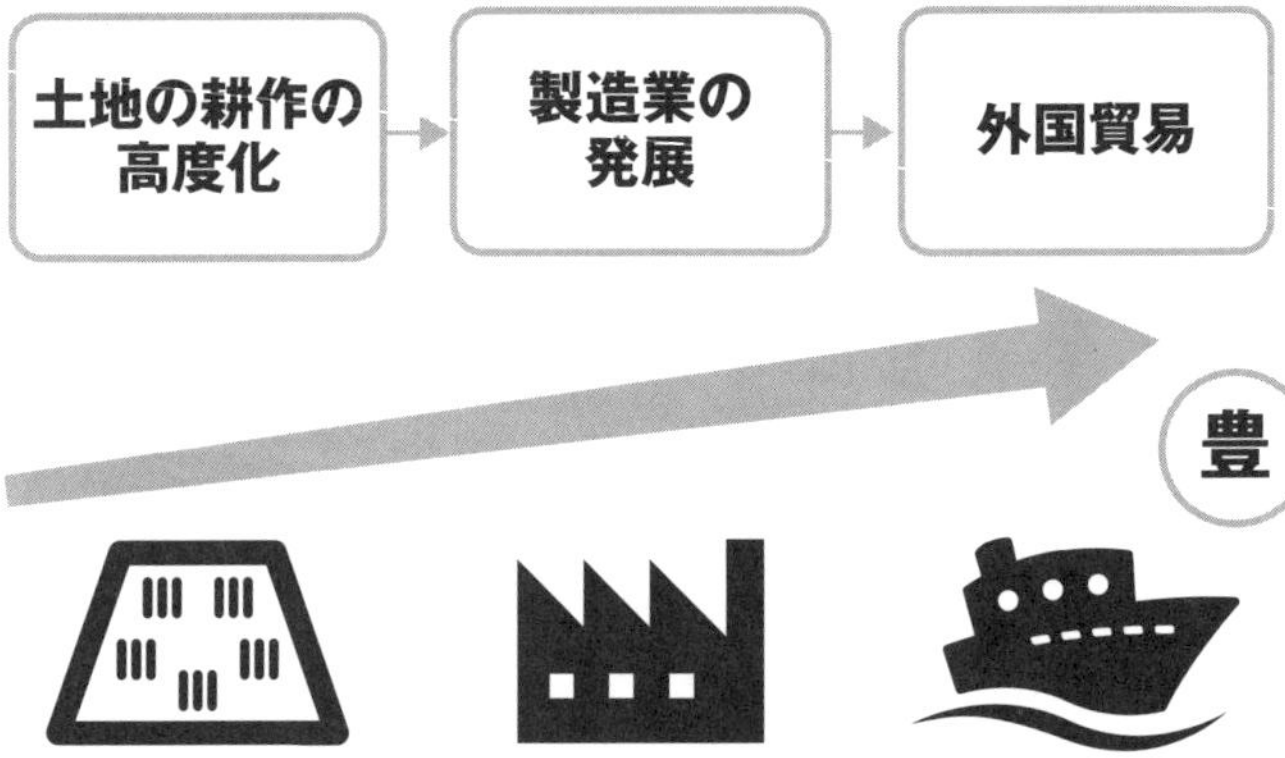


地の耕作が進められた。これでは農業より工業が優先的に奨励され、賃金も工業の方が高くなってしまう。だからヨーロッパには、いまだに未耕作の土地が多く残っている。これらもどんどん活《い》かすべきだと、彼は主張する。

たとえ人口増加と食糧不足が「乗り越えられない障害」であったとしても、**真実から目を背けるべきではない**と、彼は考える。マルサスは陰気で悲観的な男だが、諦めてはいないのだ。現実を直視し、やれることをやろうと言っている。「我々には、この大きな障害以外にも、人類のためになすべきことがたくさんある。それにも不屈の努力を払わねばならない」――いいぞマルサス、見直したぞ！

## マルサス大いに怒る

しかし彼の真骨頂は、やはり建設的な意見

よりも「暗さ」だった。**マルサスは、本書のかなり長いページを、ある理想主義者への批判に割いている。**

彼の名はゴドウィン氏。当時のイギリスの理想主義者だ。彼の書く『政治的正義』では、僕らが実現すべき平等社会の理想が、熱く語られている。

しかしマルサスは、最初彼の筆致の巧みさと理想に燃える熱意をさんざん持ち上げた後、思いっきり地面に叩きつける。「悲しいかな、その時は永遠に来ない。すべてが夢。想像力が生んだ美しい幻影にすぎない」。

実は**ゴドウィン氏の説く理想社会が、マルサスとは相いれない人口観に基づいていた**のだ。「人間社会にはひとつの原理があり、その原理により人口は永久にその生存手段のレベルにとどまる」――氏はよく調べもしないままこれを書き、それを自分の描く理想社会の前提に組み込んだのだ。これが、マルサスの負のエネルギーに火を点《つ》けた。

マルサスはここから、氏の考えをネチネチ批判する。

「ゴドウィン氏は悪徳や貧困を〝社会の制度〟のせいにしているが、全然浅い。むしろ、人間社会という大河の源泉を汚し、流れ全体を濁らせる不道徳が川の深いところに横たわっているのに比べれば、社会制度など川面に浮かぶ羽毛にすぎない」

かなり大人げないが、負のスイッチの入ったマルサスはもう止まらない。この後も、全面的にねじ伏せにかかる。氏が「豊かで等しい社会が実現すれば、悪徳や利己心など、すべての争いの種が消える」と言えば、「人間は豊かに暮らせず、自然の恵みをみんなで分かち合うことなどできないから、誰もが自分のわずかな蓄えを、力ずくで防御する。利己心ははびこり、いさかいの種は尽きない」と言い返し、ゴドウィン氏が「不道徳の一切ない、それぞれの要求に応じた分配の実現した、男女の健全な自由恋愛に基づく社会」を示せば、マルサスは「男女交際が自由で、分配に何の不安もない社会なんて、これほど人口爆発に適した社会はない」と批判する。

ここから先のゴドウィン氏は、完全にマルサスのサンドバッグだ。マルサスは氏の描く理想社会に、「25年で倍増する人口」（※マルサスの人口増加論の、1つの基準）のイメージをねじ込んでいく（もうやめてやれよ）。最初は何とかうまくいく。でも次の25年で、食糧が足りなくなる。でもマルサスの暗い想像は止まらない。さらにその次の25年、さらにその次と、進めていき、わずか1世紀で、ゴドウィン氏の描く理想社会を「強盗殺人がほとんど日常化する社会」に描き変えてしまった（ひでえ！）。

ゴドウィン氏の描くユートピア論が、思慮浅めなのにやたらと楽天的で、きれい事ばかり並べ立ててくるのにイラッとくる感じはわかる。僕も相当イラッときた。でもだからって、ここまでページを割いていたぶる必要はないぞ。あんた10章から15章まで、85ページもの間、悪口しか言ってないぞ。

しかし「25年で人口倍増」のイメージは、『ドラえもん』の「バイバイン」の恐怖だな。氏の理想郷を、バイバインで増える栗まんじゅうのような人類の増殖で圧し潰すマルサス。負のエネルギー全開だな。

「どうする、ゴドウィン？　増えない栗まんじゅうなんてないいんだよ。最後の1個をむりやりジャイアンの口にねじ込むか宇宙にでも捨てない限り、人類に明るい未来なんてないんだよ」――ひえ～マルサス怖えー！　でもこの方がマルサスらしくて好き。

**ポイント**

**将来の予測により確実に起こる悲劇に目を背けず、具体策を講じるのがあるべき政策である**

## 3『経済学および課税の原理』(1817)

『経済学および課税の原理』羽鳥卓也 他訳(岩波文庫)

デイヴィッド・リカード

**当時のイギリス社会の重大問題である「穀物法」の制定に絶対反対! 一見、国民を守る政策がなぜ間違っているのか? 精緻な議論が鮮やか!**

デイヴィッド・リカード(1772〜1823)イギリスの経済学者。古典派経済学の大成者と評される。商人の子で14歳から株の取引を行い、後に下院議員も務めた。

### 「穀物法」をめぐって地主と対立

リカードは**アダム・スミスに次いで有名な、イギリス古典学派の経済学者**だ。とはいっても、もともと学者ではない。彼は株の仲買人、いわゆる「ブローカー」だ。彼は14歳の時から仲買人の父親にノウハウを仕込まれ、腕を磨いた。その後親から勘当されたが、21歳にして独立の仲買人となる。

リカードはそこからメキメキと頭角を現し、イギリス屈指の証券業者となった。19世紀初頭のナポレオン戦争(全欧制覇を目指すナポレオンと各国の戦い)では、イギリス政府発行の国債を大量に「買う」という賭けに出た。これはリスクが高い。もし敗戦国になれば、国債はただの紙くず、彼は破産だ。しかし彼はイギリス軍の勝利に賭け、何とユダヤ系の超巨大国際金融資本・

ロスチャイルド家に次ぐ額の国債を買った。そしてイギリス軍は勝ち、彼は巨万の富を得て、42歳で勝ち組として引退した。

ブローカーを引退して5年後、リカードは下院議員になる。20代でスミスの『国富論』に影響され、以後経済評論とブローカーの二足のわらじでやってきたリカードが、今度は政界で活躍することになる。

**彼が当時関心を抱いていたのは「穀物法」。これは、外国産の安い穀物輸入を制限しようという法案だ。**

この法案は、裏で議会の多数派である「地主（ジェントリー）」たちが暗躍しているのだが、ここでちょっと地主について触れておこう。

封建制（領民から年貢を吸い取るシステム）があった国には、その名残として地主階級が存在する。近代イギリスの場合、「郷紳（ジェントリー）」がそれだ。

イギリスは11世紀、ノルマン人が征服して貴族階級を形成したが、ジェントリーは「それ以前からのイングランドの領主たち」だ。新たな王に服従することになった彼らは、貴族階級には加えてもらえなかったが、大地主として領地の領有は依然として任されたため、王と地域のためにかいがいしく働いた。

彼らは「名望家」として地域の尊敬を集め、次第にその数を増やし（宗教改革で教会から没収した領地を買った中産階級が、新たなジェントリーとなった）、資本主義の発展とともにどんどん栄え、ついには議会下院で多数派を形成するまでになっていたのだ。

そのジェントリーが、穀物法制定を目指していた。なぜか？――実はイギリスではナポレオン戦争時、穀物輸入ができなくなり、穀物価格が高騰した。その時「金儲けのチャンス！」とばかりに農業投資が活性化し、穀物生産量がメチャメチャ増えた。ところが戦争が終わると貿易が再開され、今度は安い外国の穀物が入ってくる。すると穀物価格は急落し、農家と地主はピンチになる。これはマズいと考えたのだ。

しかしリカードは、この考えに反論する。実は彼は、議員になる前の1815年、『穀物の低価格が資本の利潤に及ぼす影響についての試論』を出版し、その中で「**地主の利益は常に社会のあらゆる他の階級の利益に反している**」と、地主たちに〝宣戦布告〟しているのだ。

なぜか？　それは彼の考えによると、**地代が上がれば社会全体の利潤率が下がってしまう**からだ。

## 穀物価格が高くなると資本が蓄積されない!?

ここからが彼の代表作『経済学および課税の原理』の内容だ。

この本は、地代・金・利潤・賃金・商品などに対する「様々な課税のあり方」や、アダム・スミスの労働価値説への批判、マルサス（31ページ参照）への批判などでも有名だが、まずはリカードの経済学の最も重要なポイントを押さえよう。

それは「**リカードの経済学＝〝分配〟の経済学**」だということだ。

**スミスの経済学は「〝生産〟の経済学」だった。**つまり生産を増大させることが、国の富を増やすというシンプルな考え方だ。

しかしそこには「増大した生産物を、**どう分けるか？**」という視点が欠けていた。いや、スミスだけでなく、テュルゴー（1727～1781）やセイ（1767～1832）、シスモンディ（1773～1842）などの経済学の先人たちの著作でも、分配については十分な知識を与えてはくれなかった。

しかし実際には、労働・機械・資本は必ず土地に投入され、そこで作られる**「大地の生産物」は、必ず地代・賃金・利潤（＋租税）に分けられる。**しかもその分配のあり方は、経済発展によって、以前の時代とは大きく変わってきている。なのにそれを考える経済学がないのは、いかにも不十分ではないか。

ならばそれを考察しよう。特にすべての大本である「地代の問題」が分かれば、富の増進が利潤や賃金に与える影響も、その後の課税がさまざまな階級に及ぼす影響も理解できるはずだ。リカードはそう考え、**地代を軸に、今までになかった「分配の経済学」というものを構築し始めた。**

まずは穀物法に関する文脈で、彼の考えを見ていこう。

まず彼は、資本家が利潤を増大させ、資本蓄積（工場や機械が増えること）が進めば進むほど商品の再生産が進み、経済は発展すると考えた。

そして**資本蓄積が進行すると、労働者の数を増やす必要が出るため、労働需要は高まり、労働者の賃金アップにつながる。**労働者だって商品だから、品不足になれば、価格は上がる。当然の需要と供給の法則だ。

そしてこの**賃金アップはやがて、労働者がギリギリ生存できる費用（自然賃金）を超える**。そうすると子育て可能な家庭が増えることで、**人口が増え始めるが、人口の増加は、必然的に穀物需要を増大させる**。

もしここで、安い外国の穀物を輸入しなかったら（つまり穀物法が制定されたら）どうなるか？その場合、農地は次第に足りなくなり、耕作はだんだんと「新たに開拓した劣等地」でも行われるようになる。

ここで、リカードの「地代」に関する考え方を見てみよう。

もしも国内に肥沃な優等地しかなく、その国の人口ぐらい余裕で養えるほど豊かだったら、地代など発生しない。つまり空気や水と同じく、「量が無限・質が均一」なものの使用には、位置的な利点でもない限り、何らの料金も発生しないのだ。

しかし現実には、土地の量は無限ではなく、質も均一ではない。ということは、**人口が増え、食糧増産の必要が出た時から、質が低く位置が不便な土地での耕作も始まり、その時から地代が発生する**ことになる。

リカードはこれを「社会の進歩につれて、第二等の土地が耕作されるようになると、地代はただちに第一等地に始まる。そしてその地代の額は、これら2つの土地部分の質の差異に依存するであろう」と述べている。

つまり人口が増え、優等地だけでは足りなくなると**劣等地の開拓**が始まるが、**それが優等地の**

**価値を相対的に引き上げることにより、地代が発生**するのだ。要は「こっちの土地は価値が高くなったから、地代を払え」ってことだ。この考え方を「**差額地代論**」という。

この考えに基づくと、**人口が増え、劣等地の開拓が進めば進むほど、地代は上がる**。価値の低い土地の開拓が、それまでの耕作地の価値を「最低の土地よりはマシ」と、相対的にどんどん高めるからだ。すると**耕作者は地主に高い地代を払うため、穀物を高く売るしかなくなる。つまり穀物価格はアップする**のだ。

さらに、劣等地での耕作は困難をきわめるため、より多くの労働を必要とし、その意味でも穀物価格はアップする。

そして**穀物価格のアップは、労働者の賃金を引き上げる**。これは「食費が上がりすぎて今の給料じゃやっていけない。賃上げしろ！」という闘争の成果ではない。単純に市場の問題だ。つまり**穀物価格のアップは労働者の実質賃金ダウンと同じことだから、その実質賃金が「自然賃金」を下回って、人口が減り始めた**のだ。

人口が減れば、労働人口も減る。そして労働者が品不足になれば、労働者の価格である賃金は上がる。結局穀物価格のアップは、労働者の賃金アップにつながるのだ。

そして**労働者の賃金が上がれば、資本家の利潤が下がる。なぜなら「投下労働価値説」**（※後述）では「投下した労働の価値は、賃金と利潤に分配される」「投下労働量が一定であれば、生産物の価格は不変」と考えるから、賃金が上がれば、その分利潤は下がると考えるのだ。

しかし、ここで資本家の利潤が下がれば、資本蓄積は減り、経済は停滞してしまう。これを避

## 穀物価格のアップがダメな理由

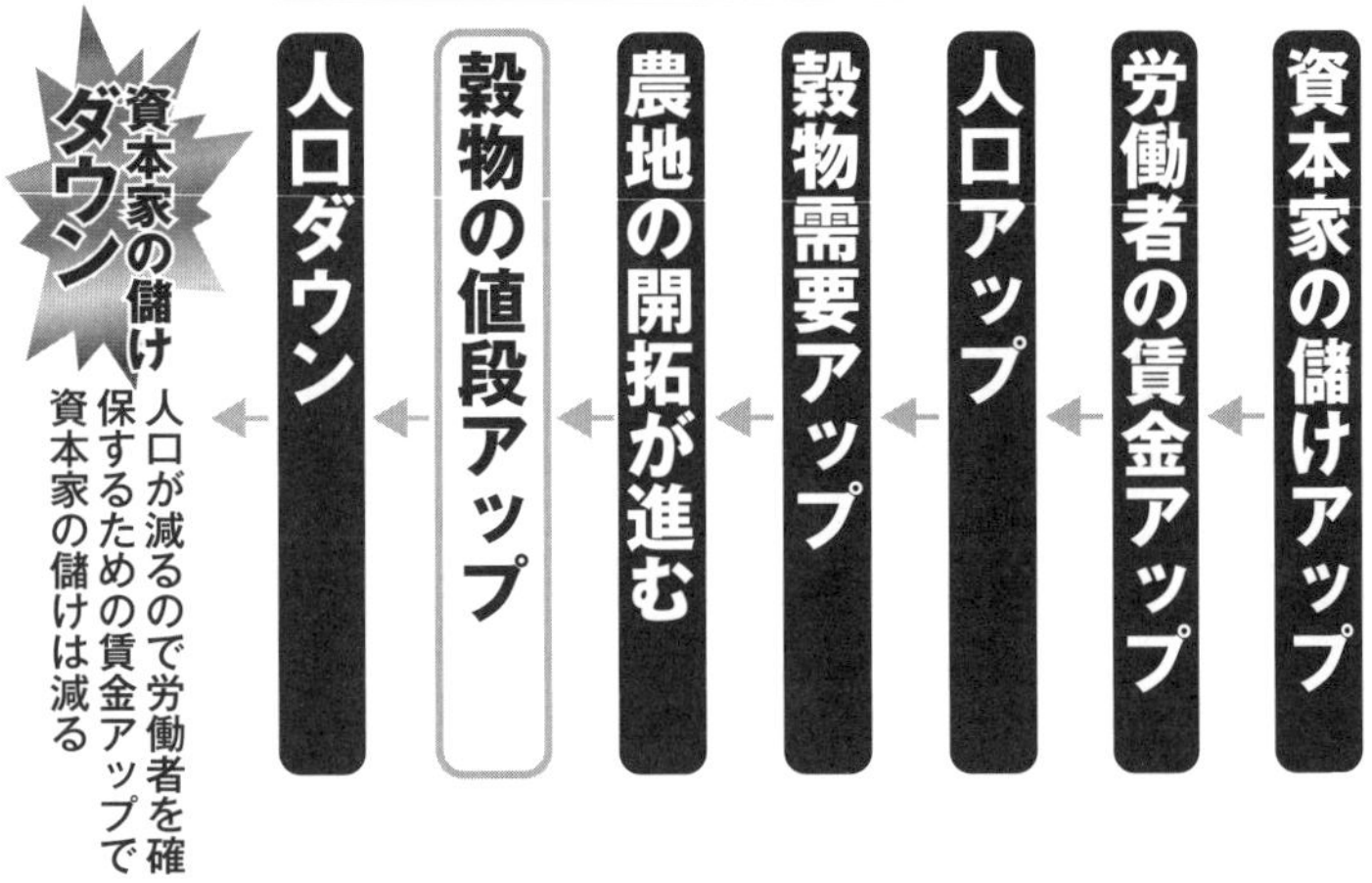


けるためにも、リカードは穀物法に反対し、穀物は安価な外国モノを自由貿易で買う方がいいと主張したのだ。それならば資本家の利潤低下につながった「劣等地の拡大」は起こらないからだ。

こう見てくると、リカードが地主たちに噛《か》みついたのも理解できる。つまり「**地主の利益アップ→穀物代アップにつながる→労働者の賃金アップ→資本家の利潤低下→社会の停滞**」という図式だ。

だからリカードは、地主を批判し、地主を擁護したライバルであり盟友であるマルサスを批判したのだ。本書下巻の最終章は「マルサスの地代論」という章だが、ここでリカードは、マルサスの偉大な功績をたたえつつ、敬意をもって丁寧に批判している。

さらにリカードは、自由貿易はなにも自国の穀物のためだけでなく、相手国にも利益をもたらすと主張した。ここで出てくるのが「**比較生産費説**」だ。

比較生産費説は、国際分業の理論だ。とは言っても、「日本はアメリカより車を作るのが得意。アメリカは日本より小麦を作るのが得意。得意なものだけ専門的に作って、貿易で交換しよう」みたいな形ではない。この「相手国より得意（＝絶対優位）」に基づく国際分業は、アダム・スミスの「絶対生産費説」だ。

リカードの比較生産費説は、こういう形だ。

「うちの国は、車も小麦もお宅の国より生産が得意だけど、お宅にだって〝自国の中でマシな産業〟はあるでしょ。それと分業しようよ」

すごくムカつく言い方だけど、確かにその通りだ。スミスの説だと、「何を作ってもうちの国の方が得意」の場合には、国際分業ができない。でも、**どんな国にだって「自国の中でマシな方」（＝比較優位）は必ずある。**ならそれを選ばせて分業すれば、ちゃんと両国とも得できる。リカードは、こんな画期的な国際分業論も確立したのだ。

## スミスの労働価値説の間違っているところとは？

最後に、リカードによるアダム・スミスの労働価値説批判を見ておこう。

「手間と苦労、つまり労働が、商品の真の価格を決める。価値が変動するものは、真の価格を測る尺度にはなり得ない」

## リカードが指摘したアダム・スミスの誤り

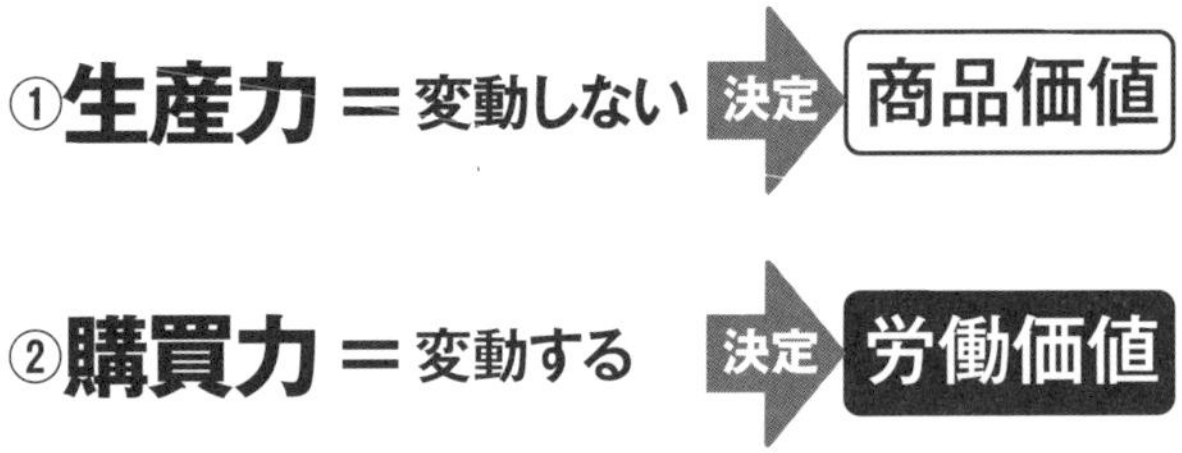


**リカードは、スミスは商品価値と労働価値を混同していると批判した**

これがスミスの労働価値説だ。ところがスミスは、この労働価値説を混同して使っていた。それは次の①と②を、ごっちゃにして使う混同だ。

①商品価値＝その商品の「生産」に必要な労働量によって決定。

②労働価値＝その商品との「交換」で支配できる労働量によって決定。

①は「生産力」としての労働、②は「購買力」としての労働だ。①のことを今日は「**投下労働価値説**」、②を「**支配労働価値説**」という。

しかしよく考えたら、①は正しいが、②は必ずしも正しいとは言えない。

なぜなら「**労働の価値も変動する**」からだ。

そもそもスミスは「労働だけはその価値を

絶対変動させない。なぜなら物を作る際の〝手間と苦労〟は不変だから。だから、一見価値が変わったように見えても、そこで変動しているのは財貨の価値の方なのであって、財貨を購買する労働の価値が変ったわけではない」と考えていた。だから①と②の混同が起こったのだ。

しかし**リカードの考えでは、労働の価値は「変わる」**。労働だって商品として扱われている以上、当然世の中での需要・供給の関係や、食料その他の必需品の価格変動に振り回され、価格が上がったり下がったりするのだ。

リカードはこの点を取り上げて、スミスは間違っていると批判する。でも彼は、①は正しいという。つまり彼は「労働を価値の尺度とするのは正しいが、労働の価値が変動しないのはおかしい」と言っているわけだが、これは一体どういうことか？

リカードが言いたいのは、**労働の価値を絶対的なものとは見なさず、「相対的なもの」としてとらえなさい**ということなのだ。

リカードは、不変の価値を持つ絶対的な尺度となり得るものなど「全く知らない」と言っている。だが商品には、必ず何らかの労働が介在する。だから彼は、労働をすべての価値の基礎としつつ、諸商品の価値は、その時その時の「相対的価値」を、「相対的労働量」（労働者が生産する商品の相対的分量）で測ることにしようと考えたのである。

マルサスに対するのと同様、スミスへの批判も、スミスに敬意を表しつつ、その考えの粗びきな点を、1つ1つていねいに批判しているのが印象的だった。

『経済学および課税の原理』は、決して読みやすい本ではなかった。1ヵ所1ヵ所に何回もつっかえ、時間をかけて読み直さないと理解できない箇所が随所にあって泣きそうになった。でも時間をかけてじっくり読めば読むほど、リカードの頭の良さと論理の緻密さが伝わってくるすばらしい完成度の本だった。特に最終章のマルサスへの批判は、めっちゃ時間がかかったが、すごく面白かった。時間が許すなら、ぜひチャレンジしてみてください。

**ポイント**

**「穀物法」への批判は、1つの経済政策の影響を因果関係で丁寧に説明した経済学的思考のお手本**

## 4『経済表』（1758）

フランソワ・ケネー

『経済表』平田清明 他訳（岩波文庫）

**アダム・スミスよりも前に自由放任を唱える。「富は何から生み出されるのか？」を追究した「重農主義」の創始者の先駆的な著作**

フランソワ・ケネー（1694〜1774）フランスの経済学者、医師。「重農主義」の生みの親。医師としてはルイ15世の侍医を務める。主著『経済表』は60歳を越えてからの著作。

### 名医は、なぜ経済学者になったのか？

ケネーはフランスの経済思想**「重農主義」の創始者**として知られている。

重農主義とは**「国の富の源泉は農業のみ。だから政府は重商主義をやめ、商工業は自由放任にし、農業だけに気を配れ」**という思想だ。

彼の生きた時代は、アダム・スミスと重なるが、少し前。つまりケネーは、スミスよりも前に重商主義を批判し、スミスよりも前に自由放任主義を説いた、文字通り「経済学の先駆者」だったのだ。

ただ、彼の経歴は変わっている。彼はもともと経済学者ではなく、なんと医師だった。それも相当な名医だったらしく、パリ大学医学部を出た後、多数の論文を残し、特に外科医の地位の向上に、並々ならぬ功績を残した。それらが認められ、医師としての晩年は、何と国王ルイ15世の愛妾・ポンパドゥール夫人の侍医として、ヴェルサイユ宮殿の中二階に住んでいたそうだ。

**そんなケネーが、なぜ経済学に転じたか？　それは17世紀前半に活躍したイングランドの名医ハーヴェイの「血液循環説」から、経済循環の着想を得たのではないかといわれている。**

当時主流の考え方では、血液は、心臓と肝臓でそれぞれ作られた動脈血・静脈血が流れ出て、そこから体の各器官に吸収される「一方通行」のものだった。しかしケネーは血液循環説にのっとり、血流は一方通行ではなく、体内を循環し、たえず再生されるものだと主張した。ケネーはこの論争に勝ち、外科医としての地位とともに彼自身の名声も高め、王室侍医への第一歩を踏み出したのである。

そしてケネーは、それと同じことが社会でも起こっていると考えた。つまり、**血液と同じように、社会の中では富が循環し、再生産されている**。ならその源泉にあたる場所、つまり血液でいうところの「心臓」にあたる部分はどこか？――ケネーはそれを「**農業を行うための〝土地〟**」であると考えた。ケネーにとっては、**農業こそが富を増加させる手段であり、その農業の源泉にあたるものが土地**なのだ。

ケネーは医師ではあったが、その膨大な読書量と持ち前の好奇心から、様々な学問に興味を持っていた。ルイ15世は彼を「自分の思想家」と尊敬し、ケネーの住むヴェルサイユ宮殿の中二階にはディドロやダランベールなど、フランス気鋭の啓蒙思想家たちも集った。そんな中で、彼はこの着想にのめり込み、ついにほとんど独学で『経済表』を完成させ、なんとヴェルサイユ宮殿内の印刷所でこの本を印刷したのだ。

だから『経済表』は、重商主義を批判しているが、体制打破を呼びかける「革命本」ではない。読んでみるとわかるが、ページの多くは彼が独自に考案した「経済表」の分析と具体例にあてられ、過激なアジテーションは一切なく、はっきり言って地味で抑揚のない本だ。つまりこの本は、ブルボン王朝の財政的な行き詰まりを身近で見た彼が、その打開策を国王に提案し、**「上からの改革」を求めた本**なのだ。

それではその『経済表』、どういう本か見ていこう。

## 経済の本質は農業にあり！

本書でケネーは**「土地が富の唯一の源泉であり、その富を増加するものは農業である」**と主張する。

つまり彼は、すべての産業の中で、**農業だけが剰余生産物を生む**と考えているのだ。剰余生産物とは「生産物から、それに要した諸費用を差し引いて残った富の純増分」のことで、ケネーはこれを「**純生産物**」と呼んだ。

これは言い換えれば**「農業のみが投入したコストを上回る成果を生み出す」**ということだが、確かにそうだ。真の意味で「生産」と呼べるものは、農業だけだ。工業は違う。なぜなら工業がやっていることは、生産ではなくて「加工」だからだ。工業では付加価値を生み出すかわりに、原

## 農業だけが剰余生産物を生む

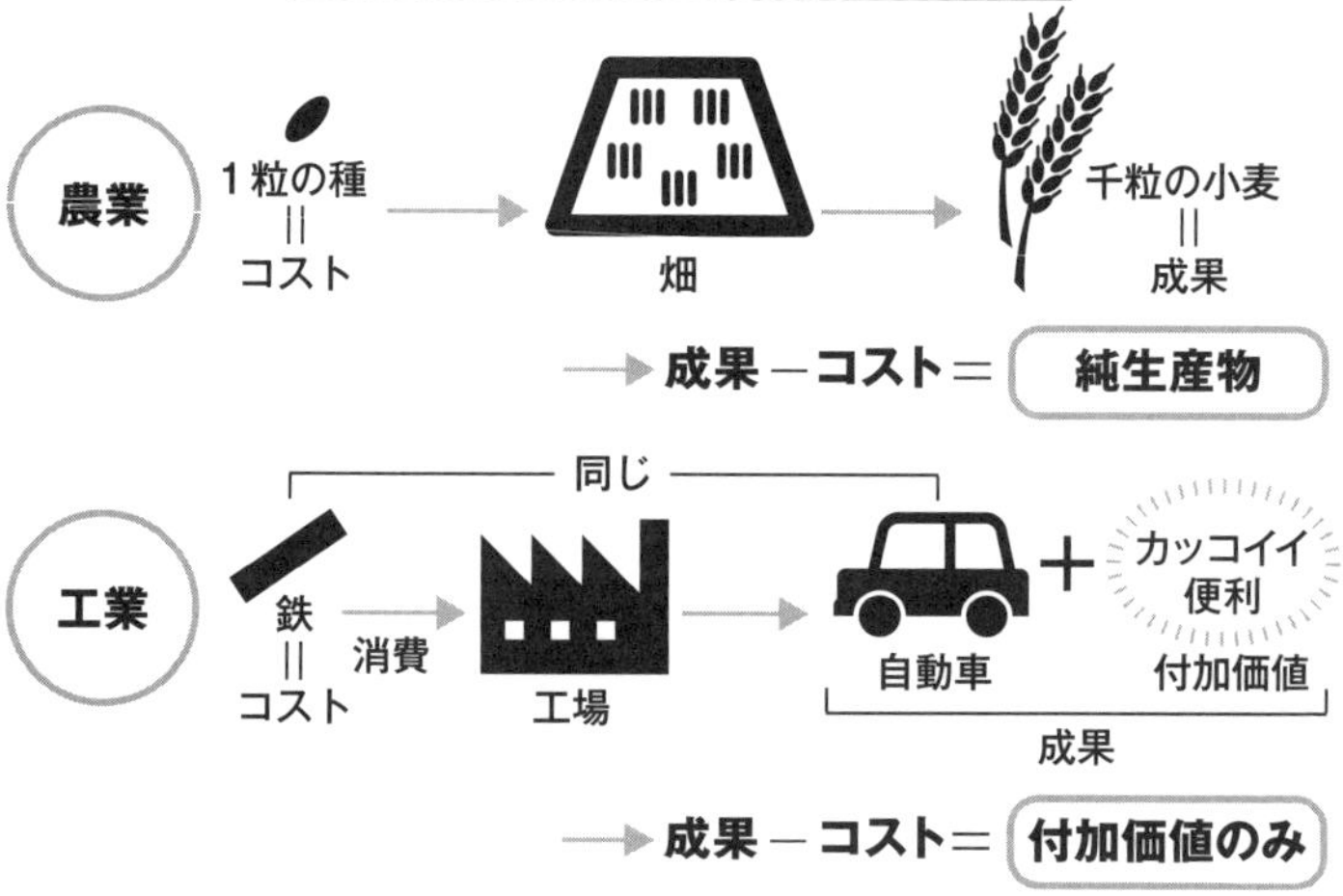


材料を消費する。結局両者は相殺され、富の純増分は生まれない。

商業も同じだ。商業がやっていることは、加工ではないが「交換」だ。つまりこの土地でとれたAを、別の土地でとれたBと等価交換しているだけだ。これもまた、真の富の増加でないことが分かる。

しかし農業は違う。農業だけは、富が増大する。農業だって費用はかかるが、自然の恵みで1粒の種が千粒の小麦になる。つまり農業なら、諸費用を差し引いても残る部分「純生産物」が生まれる。しかもそれが、血液の循環同様「再生産」にもつながる。ならばやはり、**経済の本流は農業というのが、ケネーの考え**だ。

ケネーはそれらを踏まえた上で、国内の市民階級を3つに分け、そこから国王に対し、農業統治のあり方を進言する。

## ケネーによる国内の市民階級の3分類

| | |
|---|---|
| 生産階級 → | 農民＝唯一の“生産者”、国内のすべての富の源泉 |
| 地主階級 → | 農民から地代をとって富を吸収する階層 |
| 不生産階級 → | 商工業者、農業以外に従事する市民 |

(国内の市民階級の分類)

**生産階級**：農民のこと。国土の耕作によって年々の富を再生させ、国内のすべての富の源泉となっている。ケネーにとっては「農民=唯一の〝生産者〟」だ。

**地主階級**：農民から純生産物を「地代」として吸収して生活する階級。

**不生産階級**：農業以外に従事する市民、すなわち「商工業者」など。

(国王への主な進言)

・**大事なのは、農業の「流通→配分→再生産」を循環させること**である。

・収入の総額が、すべて年々の流通に復帰し、全範囲にわたって巡歴すること。

・そのためにも**「租税はとりすぎるな／貯蓄はするな」**。

※これらはどちらも再生産に回す資金を

削り取るため、結果的に再生産の妨げになります。だから、収入に釣り合わない破壊的な徴税はやめましょう。さらに税は、生産物には課さず、地主の収入に課すことにしましょう。さらに貯蓄は、再生産の資金を流通や配分から切り離してしまうので、禁止してください。

・家畜の増殖（家畜は土地に肥料を与えてくれます）。

・小作農の子弟を、農村に定住させること／住民の国外流出を避けること。

※農村から耕作者がいなくなれば、富の流出になりますよ。

・農民の康楽（楽しみ）を減らさないこと。

※よく徴税執行人は「農民を怠惰にさせないには、彼らを貧乏にしておかなければならない」と言いますが、これは逆です。人間はみな富を渇望するもの。なら頑張っても蓄えられないとなると、労働意欲が下がります。彼らに活力を与え、勤勉でいさせたいなら、所得を保証しないと。**「農民貧しければ、王国もまた貧し」**ですよ。

・貿易で損を出さないこと／ただし農産物の貿易は妨げないこと。

※農産物は、フランスの重要な収入源。なら売って稼ぎましょう。あくまで「売れ行きあっての再生産」です。しかも農業輸出の増大は経済全体に好影響を与え、最終的に農業・人口・収入を躍進させてくれます。

・経済統治で大事なのは「農業生産のための支出＋農産物の貿易」を助長すること。

※商工業は費用がかかるばかりで、国家にとって収入の源泉になりません。純生産物から得

られる国家的な収入と、商人や製造業者の儲けを混同してはダメです。だから**保護すべきは農業で、それ以外はなるがままに任せる（自由放任）**がよいと思います。

・政府は農産物の価格維持に努めろ。
※農産物の高値維持は、最終的に農民・地主・国家にとってプラスになります。
・政府は節約するより農業投資に専念せよ。
・公共事業をしろ。
※道路工事や港の整備で農産物の販路と運搬を容易にすることは、商業経費の節約につながり、国の収入が増えますよ。
・農業は、富裕農民の経営する大農地に、できるだけ統合せよ。
※農業でも「規模の経済」は働きます。その方が儲かりますよ。
・装飾の奢侈（ぜいたく）を刺激しないこと（ぜいたくは農業と関係ありません）。
・政府は借入金を避けること。
※フィナンシェ（高利貸し）などの金融業者に「国への貸付がおいしい」ことがバレてはいけません。資金がそちらに集中し、農業にお金が回ってこなくなります。
・非常時の支出は、租税だけを使うこと（フィナンシェから借りちゃダメですよ）。
・地主その他の領主は、他の産業に色気を出さないこと（農業を支えましょう）。

これら以外にもケネーは、重農主義で復活するフランスのためにも、「主権の唯一性と優越性」

（王の作る秩序の下に、農業王国の秩序を作る）や「自然法思想の普及」（為政者・行政官・国民すべてにとって、最も有利な自然秩序を学んでもらう）などを説いた。また彼は、当時のブルジョワ階級に反発して、農業ほど財産を手にする手段として優れていて、豊饒《ほうじょう》で、快適で、人間に適《かな》った、自由人にふさわしいものはないことも訴えた。だから彼は、当時の知識人が誰も説かなかった「農民の地位の向上、農民への教育の必要性」なども説き、終生農民を擁護した。

時代は18世紀半ばだから、イギリスで産業革命が始まった頃だ。でもよく考えたら、イギリスは工業国で、フランスは農業国。なら別に、イギリスの流儀に合わせる必要はない。でも重点は違えど、**両国とも「自由放任」が根っこにある。**しかもケネーの理論は、素朴だがとてつもなく鋭い。面白い人がいたもんだ。

**ポイント**

**農業こそが唯一、富を生み出す源だと断言する明快な著作**

# 5『雇用・利子および貨幣の一般理論』(1936)

『雇用・利子および貨幣の一般理論』間宮陽介 訳(岩波文庫)

ジョン・メイナード・ケインズ

**近代経済学の巨人の大著はとっても難しいが、それまでの経済学の常識をくつがえした「ケインズ革命」のインパクトは超大！**

ジョン・メイナード・ケインズ(1883〜1946)イギリスの経済学者、官僚。20世紀を代表する経済学の巨人。1919年の パリ講和会議で大蔵省首席代表を務めた他、イングランド銀行理事などを歴任。

## 難解な文章は意図的だった!?

いよいよ近代経済学の巨人・ケインズの登場だ。

この本は、とんでもなく難しかった。まず文が硬くて回りくどく、ストレートな表現が全然出てこない。しかも内容は、複雑に入り組んでいて高度で、理解するどころか、文の意味がいつまで経《た》っても全然頭に入ってこない。

正直、僕は『一般理論』をナメていた。「ケインズは有名人だし、だいたいの考え方は予備校の授業でも教えてるから余裕♪」などと不遜にも思っていたのだ。

ところが「だいたいの考え方」と「ケインズ自らの説明箇所」とは、全然違った。えっ、どういうことこれ？　全然わかんないぞ!?——僕は予備校での授業の合間に読書することが多いが、まあ進まない進まない。たとえば第3章「有効需要の原理」など、たった10ページかと思い30分の休憩時間に読み始めたら、とても30分では終わらなかった。結局その日は、大阪で授業の合間に読み切る予定が大幅に狂い、飲みに行く約束もキャンセルして、ホテルでなんと4時間もかけて、その10ページを読み切った。信じられます？　星新一のショートショートなら2編ぐらいの分量に4時間なんて。

確かに序文に「仲間である経済学者たちのために書いた」とはあったが、ここまでカタギの衆を拒絶しなくてもいいのに。この難しさは、家でじっくり読んだ時も全然変わらなかった。僕は頭を掻《か》きむしり、目の下を真っ黒にし、タバコをスパスパ吸いながら必死になって食い下がったが、その都度自分が〝仲間〟ではないことを痛感させられた。読書中、僕は何度も物にあたり、机の前で気絶し、現実逃避で猫と遊び、風呂を磨き、『ＮＡＲＵＴＯ』を全巻読んだ。

こんな読みにくい本は初めてだ。でも、どうやらこれは、**ケインズが意図的に難しく書いているらしい**。この本は、それまでの経済学の常識だった古典派や新古典派に、「ケンカ上等」「論争歓迎」の姿勢で、ガンガン喧嘩を売りまくっている。だからこそケインズは、彼らに「しっかり熟読」してもらうために、決して読み飛ばしができない文体で書いたのだそうだ（後から知った）。そもそもこの人、本当は文章が相当うまいはずだ。だってリカードの悪口を書いている箇所なんか、とても雄弁で文学的で生き生きしていたぞ。

そんなわけだから、僕が「『一般理論』から直接学べた」と実感できた箇所は、恥ずかしながらリアルな感覚としては「3割あるかどうか」ぐらいだった。でも幸い、考え方の概要は事前知識として知っているので、それと直接読んで学べた箇所を織り交ぜながら、ここでは紹介していこうと思う。

## 一般性を欠く従来の経済学に喝！

まず、この本のタイトル『雇用・利子および貨幣の一般理論』だが、ふつうは前半部分に気を取られ、「一般」なんて言葉には、誰も目が行かない。

でも**ケインズがこだわったのは、まさにこの「一般」という言葉**だった。なぜなら彼は、**古典派理論は「ある特殊な状況下でしか成立しない」と考えた**からだ。つまり**古典派理論には「一般性がない」**のだ。

特殊な状況下でしか適用できない理論など、役に立たない。いや、役に立たないどころか有害だ。なぜならそんな特殊な理論を無理やり現実の経済社会に当てはめたりしたら、その理論は「人を誤り導き、災害をもたらす」からだ。

だからケインズは古典派を批判し、ふつうの読者を後回しにしてまで、まず同業者たちを説得しにかかったのだ。

では古典派理論は、一体どういう「特殊な状況」を前提とした経済学なんだろうか？　ケインズはそれを「**〝完全雇用〟を前提とした経済学**」と考えた。

まず古典派の労働需給曲線は、上の図のようになる。古典派は個々人の自由競争がベース、つ

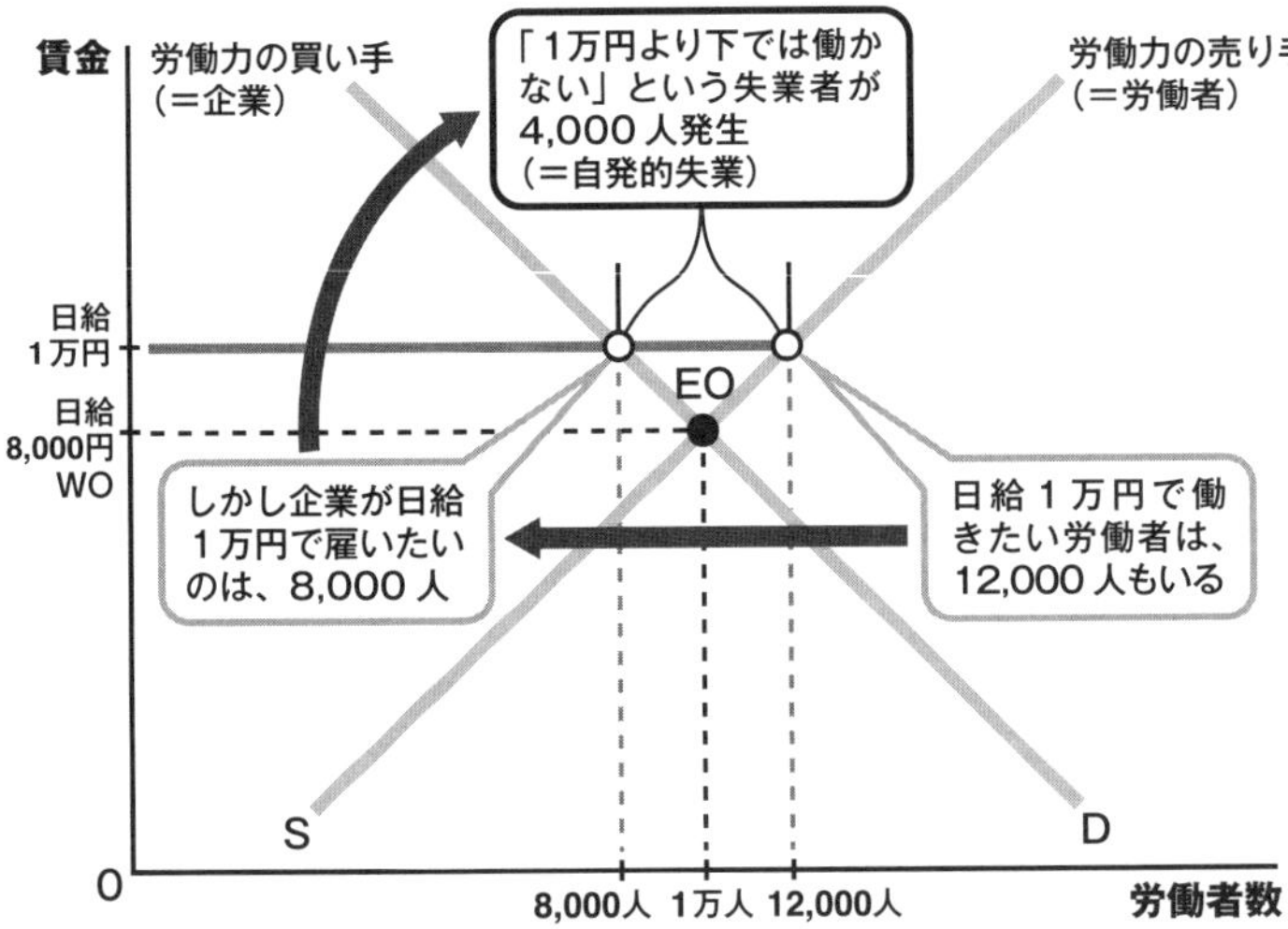


まり「個々の経済主体の動向」から経済を見るミクロ経済学だから、このグラフは、

1人1人の「労働者」の動き＝労働供給曲線（S）（つまり労働力の売り手）

1社1社の「企業」の動き＝労働需要曲線（D）（つまり労働力の買い手）

※SもDも図上では直線となる。

で表されている。労働者は、賃金が高ければ高いほど多くの人が働きたがるから右上がり、企業は、賃金が安ければ安いほど多く雇いたがるから右下がりの曲線となる。そして、両者の交点であるEOで、ちょうどいい均衡状態が生まれるわけだ。

さらにこのグラフで、均衡価格である「日給8千円」よりも上の「日給1万円」の所を見ると、働きたい人の数が、企業が雇いたい人の数より4千人も多くなっている。これはグラフから解釈すると「俺は日給1万円より下でなんか働かないからな！」という失業者が4千人いることを意味する。こういう失業を「**自発的失業**」という。古典派の理論では、失業とはこの自発的失業と、労働需給の不均衡で一時的にだけ生じる「**摩擦的失業**」の2つしかないことになる。

しかしそれは、社会の実情とあまりにもかけ離れていた。なぜならケインズが『一般理論』を著したのは1936年。当時は世界恐慌後の大不況で世の中は失業者であふれ、みんなその日のパンを買う金にすら困っていた。そんなギリギリの状況の時に「日給1万円に上げてくれるまでストライキだ！」なんて余裕こいてる労働者がいたら、そいつはきっとおっかないカミさんからタコ殴りにされた上にすまきにされ、「ほほ。この人ったら空腹で頭おかしくなったのかしらねえ。もちろん家族4人が生きていける最低ラインの日給8千円さえもらえれば、喜んで働かせますから」となるはずだ。

つまり**現実の世の中には「自発的失業者ではない失業者」がいるはず**だ。これは古典派の労働需給曲線上には出てこない。一体どこで間違えたのか？

それは古典派が、「労働者」を、1人1人見てしまったところからだ。

個々の動向から分析するミクロ的視点では、労働市場を分析する時、どうしても「労働者1人1人を見ていくぞ」となってしまう。でもそのやり方だと、最初から「労働者だけ」を見ることになってしまい、そもそも労働者になることすらできなかった失業者は排除されてしまう。確かに古典派の労働需給曲線には、賃金の高によって数が変わる「労働者」しか表されていない。

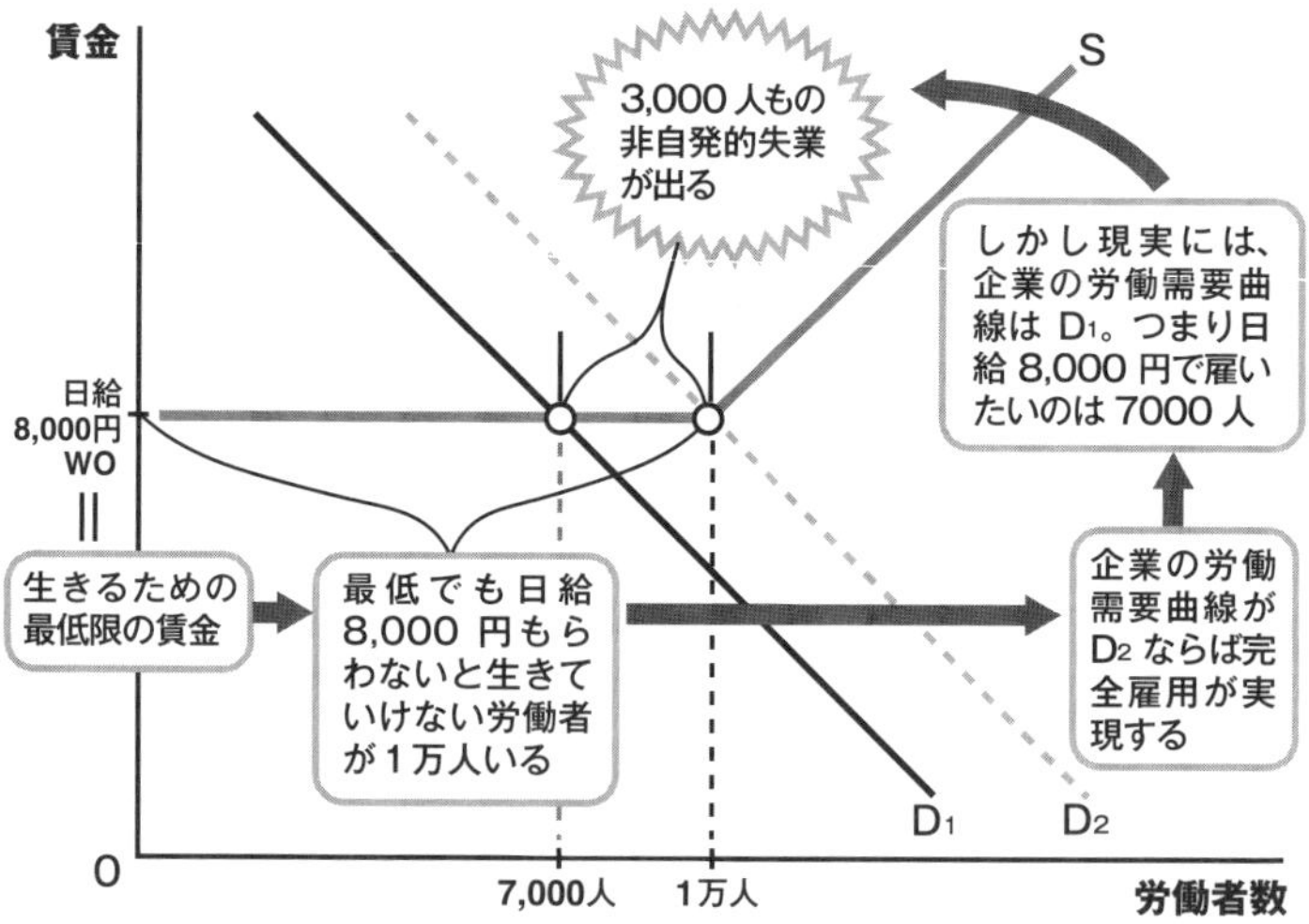
賃金
S
3,000人もの
非自発的失業
が出る
しかし現実には、
企業の労働需要曲
線は D1。つまり日
給 8,000 円で雇い
たいのは 7000 人
日給
8,000円
WO
||
生きるための
最低限の賃金
最低でも日給
8,000 円もら
わないと生きて
いけない労働者
が 1 万人いる
企業の労働
需要曲線が
D2 ならば完
全雇用が実
現する
D1
D2
0
7,000人
1万人
労働者数

でも、**ケインズはマクロだ。競争社会に生きる以上、ミクロのベースはあるが、基本的には「経済全体」を見渡す**。だから労働市場を分析する際にも「労働市場全体」を見る。そして全体を見渡すと、端っこの方に「働きたいけど仕事がもらえない失業者たち」がいることに気づく。これが**「非自発的失業」**だ。

これをグラフで表すと、上の図のようになる。

このグラフのWOは、さっきと同じく日給8千円。これを「生きるために必要な最低限の賃金」と考えよう。生きるための最低限だから、この金額より下を求める労働者はいない。だからこの金額では、労働供給曲線は真横になる。

そしてグラフから分かるように、この賃金で働きたがっている人は1万人もいる。ところが企業側の労働需要は、D1のグラフ。これでは、日給8千円で雇いたい労働者は7千人だ。ということは、本来あるべき「完全雇用」の均衡点であるD2（すなわち「日給8千円で1万人の雇用」）より3千人も少ない。この3千人が「その賃金で働きたいのに仕事にありつけなかった失業者」、つまり非自発的失業者だ。

古典派の理論では、完全にこの存在が抜けていた。だから大不況で職にあぶれ苦しんでいる人たちに対し、「お前ら、組合で賃上げ闘争でもやったんだろ？　それが自らの首を絞めて失業につながったんだ。これはいわば、自ら望んで失業した〝自発的失業〟だ。自業自得だ」みたいなことを言い、世間のヒンシュクを買ったのだ。

## 失業者を減らす2つのカギとは？

ではその非自発的失業をなくすには、何が必要か？——ケインズの答えは**「有効需要を増やすこと」**だ。

**有効需要とは「実際の購買力に支えられた需要」のこと**だ。

有効需要は、ふつうの需要とは違う。ふつうの需要とは「あれが欲しい、これが欲しい」という「欲しがる気持ち」のことだ。たとえば日本でスマホを欲しがっている人が増えたら、「日本ではスマホの需要が高まっている」と表現する。あれだ。しかしいくら欲しがる人が増えても、「実際に買ってくれない」なら、スマホの生産は活性化しない。これでは雇用は拡大しない。雇用拡大なら必要なのは**「スマホが欲しいから、買う」にまでつながる需要**だ。これこそが、に不可欠な生産活動を支える需要である有効需要だ。

有効需要は、大きく2つに分けられる。**消費需要（家計の出費）と投資需要（企業の出費）**だ。そしてこれらは実際の購買力に支えられているから、作った分だけ売れる。

つまり企業は、有効需要の大きさ分だけ財の生産ができる。そして商品が売れれば、その代金は賃金や利潤の形で家計と企業の持ち金を増やし、それがさらに有効需要を増大させ、雇用を拡大させる。この拡大が続いて行けば、やがて社会は非自発的失業のない「完全雇用」を創り出すことができるのだ。

しかし、この有効需要の片割れである消費が曲者だ。実は全体的に見て、**人間は所得水準が上がるにつれて、消費に回す割合がだんだんと減っていく**のだ。

確かに言われてみればそうだ。たとえば年収500万円で暮らせていた4人家族が年収1千万円になったからといって、全部使い切るなんてバカなことは、あまりない。個々の事例ではあるかもしれないが、少なくとも「経済全体の傾向」としてはない。ふつうは100万円ぐらいゼイタクをして、残りは「貯蓄」に回すはずだ。

所得のうち消費に回す割合のことを「**消費性向**」、所得〝増加分〟のうちさらに消費に回す割合のことを「**限界消費性向**」というが、結局**所得水準が上がるにつれて、限界消費性向は逓減《ていげん》する**。つまり、**有効需要は減ってしまう**のだ。

そうなると、大事なのはもう1枚の翼「**投資**」だ。「**消費＋投資＝有効需要」なんだから、消費需要が冷え込む分、投資をガンガン行えば、完全雇用は実現できる**ことになる。しかも投資は、僕らが「貯蓄に回した分」が原資になっているから、うまく消費に回らなかった分を有効需要に変えてくれる。さらに投資には「**乗数効果**」というのがあって、**限界消費性向が高いほど、元の何倍もの（正確には「1－限界消費性向分の1」倍の）所得を生み出してくれる**。いいことずくめだ。

しかし実は、投資にも問題はある。

企業の投資量を決定するものは「資本の限界効率」と「利子率」だ。資本の限界効率とは「その投資が生み出すと予想される収益率」のことで、ケインズによると、これと利子率がイコールになったところで投資は行われる。

ところが、この**資本の限界効率は、予想が難しい**。なぜなら企業の設備投資は、この先何年も使い続ける機械を買う以上、「長期の売り上げ予想」（長期期待という）で考える必要があるが、長期の予想はとても「不確実性」が高い。だから実際の投資は、不確実な予想よりも、企業家の強い「**アニマルスピリット**」（ここでは「血気・野心・決断」などの意味）に基づいてなされることが多い。

短期的な株式投資も、将来的な収益予想とは無縁だ。そこでは誰も長期の売り上げ予想など考えず、みんな目先の利ザヤだけ考える。そうすると、プロも素人も、自分が考える「最も正しい答え」よりも「今みんなが考えていそうな正解」を探すという腹の探り合いになる。まるで**「美人コンテストの投票」で1位を予想**するみたいに。

結局企業は、長期の予想を立てはするが、先のことなどわからないので、その予想をちょこちょこ変えたりしない。つまり**資本の限界効率は、あまり変動しない**のだ。

そうなると、**投資量を決める大きな要因は「利子率」**になる。この利子率も変動のある不確実なものなので、人間は利子で稼ぎたいという気持ちと同時に、様々な思惑から「財産を現金で持っておきたい欲望」も持つ。これを「**流動性選好**」という。

たとえば、利子率が上がれば流動性選好は下がり（＝現金保有よりも利子で稼ぎたい）、利子率が下がれば流動性選好は上がる（＝低い利子よりも現金という流動性〈スムーズな交換性質〉を保有したい）。ということは、**市場の利子率は、人々の流動性選好と実際の貨幣供給量で決まる**ことになる。そして**利子率が決まれば、投資量も決定**する。

しかしここで、またしても投資に関する問題が起こる。実は限界消費性向同様、**投資もやがて逓減**する。なぜなら社会の発展とともに、新規の投資先はどんどん失われるからだ。結局世の中は、豊かになるにつれて消費も投資も減り、非自発的失業が増えることになる。これをケインズは「**豊かさの中の貧困**」と呼んだ。

## 市場介入のススメ――不況なら金をまけ！

結局、有効需要を構成する消費と投資は、市場メカニズムに任せておけば徐々に減り、非自発的失業を解消できないことになる。このままでは八方塞がりだ。この問題、どう解決すればいいんだろう？

ケインズはここで、画期的な提案をした。**「政府が市場へ介入」すればいい**のだ。つまり**政府が政策的に金利を下げ、政策的に投資（つまり公共事業）を行う**のだ。金利が下がれば企業の投資は増え、流動性選好の高まりから現金を持った国民の消費も増える。もっとも、消費が増える分貯蓄は減る（つまり企業への投資に影響が出る）が、それは中央銀行が貨幣供給量を増やせばいい（そのためにも保有する金の量によって貨幣を供給できる量が決まってしまう金本位制は廃止すべきだ）。

民間の投資が逓減してきても、政府がその分投資すれば問題ない。**「もうこれ以上投資先なんかないよ」というなら、ピラミッドでも作ればいい。**あるいは大蔵省の床下にカネの入った壺《つぼ》でも埋め、民間企業に掘り返させればいい。古代エジプトもそうだったが、浪費的な公共事業でも、社会は十分豊かになる。

こうして、政府のテコ入れで消費と投資が活性化すれば、生産は活発になり、企業は活性化する。そうすると新たな労働需要が起こって非自発的失業はなくなり、「完全雇用」が実現する。これがケインズ経済学だ。

ケインズのこの発想は、従来なかった画期的な発想だ。だって個人でも国家でもそうだけど、ふつうは失業者が増えるほどの大不況に見舞われたら、人は本能的に「ヤバい!!　節約しなきゃ」と思う。でもケインズは、**不況だからこそ政府は「ヤバい!!　金をばらまいて有効需要を作らなきゃ」という発想**だ。

従来とは完全に逆転の発想。だから人はこれを「**ケインズ革命**」と呼ぶ。

余談になるが、僕がケインズに苦しんでいる時、たまたま書店で山形浩生先生（経済書の翻訳者）の『要約　ケインズ　雇用と利子とお金の一般理論』（ポット出版）に出会い、ずいぶん助けられた。あの『一般理論』を、ガチ本の章立て通りに、ここまで分かりやすく要約するなんてすごい！　この本の凄《すご》さは、ガチ本に泣いたから僕だからこそ分かる。超オススメです。

**ポイント**

**不況の時に必要なのは〝節約〟ではなく市場にお金を〝ばらまく〟こと！**

# 6『経済学の国民的体系』（1841）

## フリードリッヒ・リスト

### イギリスとの貿易からドイツを守るために奮闘！
### 国の発展の段階に適した経済政策の重要性を説き
### 自由放任一辺倒だった当時のヨーロッパに一石を投じる

『経済学の国民的体系』小林昇 訳（岩波書店）

フリードリッヒ・リスト（1789〜1846）ドイツの経済学者。チュービンゲン大学教授を務め、立憲議会の議員に当選するも政府に逮捕され、アメリカに亡命。後にアメリカ領事として帰国するが、後にピストル自殺を遂げる。

## ドイツの現状に合った保護貿易理論を展開

リストはドイツ歴史学派の重鎮にあたる経済学者だ。

**歴史学派とは、イギリスの古典学派への反発から生まれてきた学派**で、1つの学説をどこの国にでも普遍的に当てはめるのではなく、**その国の歴史的背景や国民的特殊性を重視して、国ごとにそれぞれ個別に考えていこうとする立場**だ。

リストが生まれた頃のドイツは、まだ「統一国家・ドイツ帝国」ではなく、まるで戦国時代の日本のように、200以上の領邦が独立国家のようにひしめき対立し、互いの領地を通過するたび、商品に関税がかけられていた。

そのドイツで、ある時プロイセン（最大の領邦の1つ）が主導して「関税同盟」が組まれた。プロイセン経済は「ユンカー」（有力地主）が支配する封建制が主体で農業が得意だった。そこでプロイセンは、自分たちの農作物を安く輸出できるように、関税同盟の関税率を低く設定した。

ところがその低関税のせいで、ただでさえ安価なイギリスの工業製品が、安いままドイツに大量に流入してきた。これはまずい！　当時のドイツはまだ封建制だったせいで、農業生産はいけるが、工業はからきしだった。なのにそんなドイツでも、スミスの『国富論』を妄信する連中が一部にいる。今ドイツが自由貿易なんかしたら、イギリスに食い殺されるだけだ。

そこでリストは、**『経済学の国民的体系』を著し、保護貿易理論を展開した**。まずリストは、「文化の点で大いに進んだ二国民の間では、両者にとって自由競争は、この両者がほぼ同じ工業的発展の状態にあるときにしか有益に作用しない」という前提を示した。その上で彼は、国民経済の発展を**「未開→牧畜→農業→農工→農工商」の5段階**に区分し、イギリスは農工商にいるのに対し、ドイツはまだ農工状態にあると説いた（＝経済発展段階説）。そして、イギリスと比べ幼稚産業であるドイツの工業を守るためには、しばらくは保護関税などの産業保護政策をとり、ドイツを早くイギリスと対等に戦える農工商状態に引き上げる努力をすべきだと説いた。

このように、**自由放任一辺倒だった当時のヨーロッパに一石を投じた**リストだったが、実生活では不遇だった。彼はドイツの分裂状態を克服して経済的統一を図るための進歩的な発言を続けたせいで、オーストリア（プロイセン同様、最大の領邦の1つ）の宰相・メッテルニヒから生涯ずっと迫害され、フランス・イギリス・アメリカと、転々と亡命した。そして最後は、逃亡生活への疲れと経済的困窮から、ピストル自殺した。

# 7 『純粋経済学要論』（1874）

マリ・エスプリ・レオン・ワルラス

**価格は、商品の希少性と購入者の満足度の兼ね合いで上下する。その時、すべての商品の市場価格のバランスが保たれる点はあるのか？**

『純粋経済学要論』久武雅夫 訳（岩波書店）

マリ・エスプリ・レオン・ワルラス（1834〜1910）フランスの経済学者。スイスのローザンヌ大学教授を務め、ローザンヌ学派の祖となる。

## 〝均衡点〟を探る試み

ワルラスは「新古典派」の草分けに位置する経済学者だ。新古典派は、古典派のすぐ後の時代に登場したが、古典派とは相当違った経済学だ。名前こそ似ているが、考え方の根本が違う。どこが違うのか？――それは古典派が「生産と分配」を重視したのに対し、**新古典派は「交換」を重視**した点だ。つまり新古典派は、商品交換の場である「市場」の分析に力を入れているのだ。

ワルラスは、市場を分析する前に、まず「価格の分析」をした。価格はどういう原理で上下するんだろう？　そこで考案されたのが「**限界効用理論**」だ。「効用」とは財から得られる満足度、**「限界効用」とは、その財の消費の〝最後の追加分から得られる満足度〟**のこと。この限界効用は、消費が進めば進むほど減っていく（＝限界効用逓減の法則）。当たり前だ。ビールは最初の1杯こそうまいが、3時間以上飲み続けた最後の1杯は、ただの小便の原材料だ。

でもこれは、ビールががぶ飲みできるほどありふれた財だからこうなったのであり、たとえば宝石みたいに1個しか買えないような高価な財だと、そのたった1個の消費で、限界効用はマックスとなる。**つまり価格で大事なのは財の「希少性」であり、その希少性と満足度の兼ね合いで、商品価格は上下する**のだ。この古典派の労働価値説とは全然違った新たな価値説の登場は「限界革命」と呼ばれた。

価格上下の理屈はわかった。次は価格の決定だ。価格は市場での商品「交換」で決定するが、ここで出てくるのが、ワルラスの「一般均衡理論」だ。

1つの市場での商品交換を「**部分均衡**」という。でもよく考えたら、価格は1つの市場だけでは決まらない。たとえばバレンタインデーに女子がチョコを買いすぎると、チョコは品不足となって価格が上がる。すると、本来のチョコ愛好家が仕方なくまんじゅうに手を出し、今度は饅頭の値が上がる。しかも、饅頭を食いすぎた彼らが病気になり、日本一のまんじゅう治療の権威である病院に殺到するようになると、その近辺は日々とてつもない混雑になり、電車や駅の増設、新規タクシー会社の参入、道幅を拡張する公共事業、病院のタワー化、客足を当て込んだ商店間の競争、混雑に乗じた闇社会の発生など、どんどんと他の商品価格にも影響を及ぼすようになる。

このように、市場は相互に関連し合い、影響を与え合いながら存在している。そして、**これら相互依存し合うすべての商品の市場が同時に均衡する（一定のバランスを保つ）〝均衡点〟もまた、必ず存在するはずだ**――これがワルラスの「一般均衡理論」なのだ。

## 8 『経済学』（1948）

ポール・アンソニー・サミュエルソン

**現代経済学の隠れた巨人は、説明に数式をほとんど使わない！　グラフや図の説明もとっても丁寧な世界的ベストセラー**

『経済学』都留重人 訳（岩波書店）

ポール・アンソニー・サミュエルソン（1915〜2009）アメリカの経済学者。マサチューセッツ工科大学名誉教授。ケインズ経済学と新古典派経済学を総合する。1970年ノーベル経済学賞を受賞。

### 数式をあえて使わず言葉で説明する優しさ

サミュエルソンは現代経済学の「隠れた巨人」だ。画期的な新発見こそないものの、従来理論の再構築と分析手法（特にモデルの単純化や数学の活用）で新しい道をバンバン拓《ひら》き、経済学全体の学問的発展に多大なる功績を残したことで、1970年ノーベル経済学賞を受賞した。

この人の立場は「**新古典派総合**」と呼ばれるものだ。これは経済理論というより「政策方針」で、「**不況時にはケインズ式の財政・金融政策で完全雇用を目指す。そしてそれが達成されれば、その後は自由放任に戻す**」というものだ。つまり、**新古典派的な立場からマクロとミクロを統合する試み**で、その行動分析の武器として「数学」を多用したのだ。彼により経済学における「数学の役割」は不動のものとなった。

これによりサミュエルソンは、戦後すぐから第一次石油危機までの間（つまりフリードマンらの「新自由主義路線」が台頭するまでの間）、復活させた新古典派理論によって、各国の政策立案に大きな影響を与えた。

しかし多くの人にとって、サミュエルソンのイメージといえば間違いなく「教科書」だ。彼の著書『経済学（上下巻）』は「世界一売れた経済学の教科書」として知られ、全世界で1千万部を超える超ベストセラーとなっている。

この本はすごい。まずグラフの説明がおそろしく丁寧で、初めての人でもかなり安心して学べる。図の説明もメチャクチャ具体的でわかりやすい。たとえば「生産物市場」の具体例として「トウモロコシの価格／医療／ロックコンサート／ピッツァの価格」などを挙げ、すぐ下にそのための「要素市場」として「トウモロコシ用農地の地代／医者の勤務時間数／スタジオの使用料／トラックの走行マイル数」などと書かれている。これ以上ないくらいのわかりやすさだ。

さらにこの本、「何を・いかに・何のために」が徹底されている上、**一番すごいのが「数式がほとんど出てこない」こと**だ。経済学で数学革命をもたらしたサミュエルソンが、教科書では数学を使わない!!　式を使えばてっとり早いことをあえて言葉で説明するなんて優しすぎる。

ただしその分、文のボリュームがハンパなく（モデル化部分を全部言葉で説明したら、当然こうなる）、本は上下巻とも大学ノートサイズの「鉄アレイ」だ。これでは「電車の行き帰りでの勉強」はちょっと無理。たぶん池袋から新宿ぐらいで手首が折れる。でも時間がある人は、家でじっくり取り組んでみよう。完成度はすばらしいです。

# 9『統治二論』（1690）

**労働の成果は、それを行った人間のものとなり、「所有物」が生まれる。そして貨幣は、その労働の成果の価値を保存する**

ジョン・ロック

『統治二論』加藤節 訳（岩波文庫）

ロックは政経の講義では政治分野で扱うが、ここではロックの「経済的な側面」を見てみよう。ロックの経済的側面とは「**労働所有権論**」だ。これは一人称で語った方がわかりやすい。

「俺が住んでるこの世界は、神が与えてくれた全人類の共有物だ。だが俺を所有する権利は、俺にしかない。なら俺の労働の成果、たとえば今畑で抜いてきたこの大根だって、俺のものと言っていいはずだ。なぜならそれは、俺の労働がなければ生まれなかった大根だからだ。つまり**労働のおかげで、大根は人類の共有物から俺の所有物になった**わけだ。でも労働の成果の多くは、長持ちしない。それを腐らせては、神の定めに背く。だから**貨幣にかえて、その価値を保存する**。これなら神の定めに背かない」

そして、彼が彼と大根の所有権を持つように、他者には他者の所有権があり、これを侵してはならない。でも人間は過ちを犯しやすいため、何もないままだと所有権の保護が不十分になる。

だからその所有権の確保のために国家を作ろう、というのがロックの思想だ。これで政治分野とつながった。

ジョン・ロック（1632〜1704）
イギリスの哲学者、政治思想家。イギリス経験論を代表し、その政治思想はアメリカの独立やフランス革命に大きな影響を与えた。

# 10 『経営行動』（1947）

ハーバート・アレクサンダー・サイモン

**経済学の教科書通りに行動する人間は皆無！**
**人間の合理性には限界があることを説明し、**
**実際の企業がどのように組織決定をするか研究**

『新版 経営行動』桑田耕太郎 他訳（ダイヤモンド社）

ハーバート・アレクサンダー・サイモン（1916～2001）アメリカの政治学者、経営学者、情報科学者。イリノイ工科大学教授、カーネギーメロン大学教授などを歴任する。

経済学の教科書では、売り手と買い手は各々その利潤と効用だけを考え、常に合理的に行動する忠実なプレーヤーだ。でもそんな奴、いるだろうか？ 自己の利益の最大化のため、常に最適行動を選択し、ミスも妥協も心変わりもせず、困難に直面しても「仕事だ」とクールに乗り越え、わき目も振らずにミッションを成し遂げる。そんなエコノミックゴルゴ13みたいな奴はいない。そういうプレーヤーがそろってこそ、経済学は計算可能な「科学」となる。でも実際問題、そんな奴はいない。そう、**人間の合理性には限界がある**のだ。サイモンはこれを**「限定合理性」**と呼んだ。

企業などの経営組織は、そんな限定合理性しか持ちえない個々人の集合体だ。ならばどうすれば、そんな欠陥だらけの組織をうまく経営できるのか？ サイモンの『経営行動』は、そのような**個々人の限定合理性を克服するための企業の組織的な意思決定を研究している**。

サイモンの『経営行動』は、まず合理性ありきだった従来の経済学とは完全に異質だ。でもだからこそ真実に近い。彼は１９７８年、ノーベル経済学賞を受賞した。

## 11『財政理論』（1967）

ジェームズ・マギル・ブキャナン・ジュニア

**どんなに正しい経済理論だとしても、必ず政治状況によって左右される。政治と経済は密接にからみ合い、影響し合う**

『財政理論』山之内光躬 他訳（勁草書房）

ジェームズ・マギル・ブキャナン・ジュニア（1919~2013）
アメリカの経済学者、財政学者。ジョージ・メイソン大学教授などを務める。1986年にノーベル経済学賞を受賞。

ブキャナンは経済学者というよりも「財政学者」だ。彼は「**公共選択理論**」という新ジャンルを開拓して、1986年ノーベル経済学賞を受賞した。

**公共選択理論とは「政治を経済的に分析」する理論**だ。ブキャナンの面白い点は、議会・官僚・圧力団体・有権者といった政治の舞台の登場人物たちを、市場経済同様の「合理的プレーヤー」に見立てている点だ。つまり彼らも、それぞれ独自の利益（選挙や省益）を守るために、利己的に行動する。それらを無視して経済的合理性だけを追求しても、問題解決は図れない。たとえばケインズは「不況時は、政府は借金してでも国民に金をばらまこう。好況になったら増税して取り返す」という趣旨のことを言っているが、いったん〝ばらまき〟という甘い汁を吸った国民は、その後の増税を受け入れない。そんなことをしたら、政治家は選挙で手ひどいしっぺ返しを食らう。**結局ケインズの考えは、経済的にいかに筋が通っていても、「政治家」が実行できる案件ではない**のだ。

**民主主義の社会では、選挙を無視して政治は成り立たず、政治なくして経済は成り立たない。**

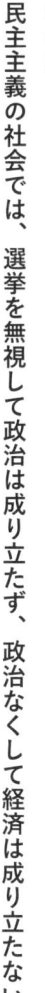

## 12『セイラー教授の行動経済学入門』（1992）

『セイラー教授の行動経済学入門』篠原勝 訳（ダイヤモンド社）

リチャード・H・セイラー

**経済学に心理学アプローチをとり、非合理な選択ばかりしてしまう人間の経済行動をモデル化する**

リチャード・H・セイラー（1945〜）アメリカの経済学者。シカゴ大学教授。専門は行動経済学。2017年、ノーベル経済学賞を受賞。

セイラーは「**行動経済学**」で経済学と心理学を見事に統合し、2017年ノーベル経済学賞を受賞した。**行動経済学とは、経済学に心理学的アプローチを試みることで、人間の非合理的な行動をモデル化していく学問分野だ。**

伝統的な経済学は常に「合理的プレーヤー」を想定するが、実際の人間は、非合理的な選択ばかりする。たとえば、今の住宅ローンから別の住宅ローンに借り換えれば金利面で得になることがわかっているのに、銀行員の熱心な売り込みや手続きの煩雑さ、プランの選択肢の多さなどに尻込みし、結局借り換えしないまま、何年も放置したりする。

ならばそういう人には、より「簡単」なプランだけを提示し、しかも「しつこくくどく（ナッグ）」ではなく、「軽く肘で小突く（ナッジ）」ように、ポンと背中を押してやればいい。つまり「このプランなら、今より確実に金利面でお得です。しかも月末までに借り換えれば、さらに0・5%お得」みたいな具合だ。**セイラーは経済学に心理学を統合させることで、僕らのお金に関する決断に、大きな判断基準を与えてくれた。**

# 13『マクロ経済学　入門編』（1992）

『マクロ経済学　入門編』足立英之 他訳（東洋経済新報社）

ニコラス・グレゴリー・マンキュー

**ニューケインジアンのリーダーが、数式を少なく、具体例を多くして解説。初学者のために根気強くよりそう良書テキスト**

ニコラス・グレゴリー・マンキュー（1958〜）アメリカの経済学者。ハーバード大学教授。ニュー・ケインジアンを代表する学者の1人。アメリカ大統領経済諮問委員会委員長を務めた。

マンキューはニューケインジアンのリーダー的存在で、29歳の若さでハーバード大学の教授に就任し、2003年にはブッシュ大統領の大統領経済諮問委員会の委員長を務めて……と書きたいところだが、**マンキューといえばやはり「経済学の教科書」**だろう。

彼が経済学部の学部生向けに書いた教科書『マクロ経済学』はベストセラーとなり、世界各国で翻訳・使用されている。彼はこの教科書の執筆料と印税で家を建てたといわれている。本書はその教科書となった本から、さらに基礎的な部分だけを選んでまとめた本である。

でこれを読んでみたが、とても作りが丁寧だ。教科書には、最初から数式や難しい言葉を並べ立てた「かましてくる」系のものが多いが、**マンキューは決して初学者を突き放さない**。「この章では何を学ぶか」「この単語の意味は何か」「なるべく数式を使わない」「具体例を多く」を徹底し、読者に伝わるよう根気強く説明する。

面白い表現は少ないし、個人的にはスティグリッツの教科書の方が好きだが、**マンキュー教科書の方が「じっくり学べば絶対分かるよ」オーラが強い**。オススメです。

第2章

# 人間は経済をコントロールできるのか？

経済発展と自由主義が
分かる名著13冊

# 14『隷従《れいじゅう》への道』（1944）

『隷従への道』村井章子 訳（日経BP社）

フリードリヒ・アウグスト・フォン・ハイエク

**アダム・スミス以来「自由放任経済の申し子」だったイギリスに忍び寄る「計画経済」の影。ハイエクが最も恐れた「毒」の正体とは何か？**

フリードリヒ・アウグスト・フォン・ハイエク（1899〜1922）
オーストリアの経済学者。ロンドン大学やシカゴ大学の教授を歴任する。1974年、ノーベル経済学賞を受賞。

## ハイエクが感じたイギリスの危機とは

『隷従への道』は、ハイエクが**イギリス人に向けて書いた「警告の書」**だ。

え？　ハイエクといえば、20世紀を代表する「自由主義」の論客だぞ。その彼がイギリス人に警告って、どういうことだ？　イギリス人といえば、19世紀に産業革命をリードしたアダム・スミスの子孫だから、いわば「自由放任主義の申し子」。そんな彼らにハイエクは、一体何を警告するつもりなんだ？　まさか身の程をわきまえず「先輩、もっと自由になりましょうよ！」とでも言うつもりなのか⁉

そのまさかだった。ハイエクは本気でイギリスの人々に「自由の大切さ」を説くため、第二次大戦の終結間近の1944年、この本を書いたのだ。なぜか？——今となっては信じられない話だが、**当時のイギリスでは「社会主義的な計画経済」が大ブームだった**のだ。

当時は社会主義への警戒心が、今よりはるかに弱かった。まだ歴史の浅い社会主義国家の実態が、あまり知られていなかったのだ。だから、現実のソ連は〝非人道的な抑圧国家〟だったにもかかわらず、多くの知識人は理論とプロパガンダをうのみにして「理性と科学で貧困を克服した理想社会」と思っていたのだ。

しかも当時は、世界恐慌対策として「計画経済的手法」が評価されていた時期でもあった。**「ニューディール政策」**だ。

アメリカは1930年代、ケインズ理論の実践（というか社会実験）ともいえる「ニューディール政策」を実施した。その内容はご存じの通り、**政府による市場経済への介入、つまり一種の計画経済**だ。それまで「市場は自由放任」というアダム・スミス以来の常識にとらわれていた経済学者たちは、このやり方に驚き、感心した。しかもケインズはイギリス人。イギリスでは計画経済に対する評価が、一気に高まった。

しかも、当時は広く「ファシズムと社会主義は、真逆の思想」と考えられていて、これも大きかった。両者とも計画経済という点では同じだが、かたや狂ったファシズムで世界を震撼《しんかん》させているドイツの体制、かたやイギリスと同じ連合国の仲間・ソ連の体制。どちらを推すべきかなど、考えるまでもない。

こういう流れで、当時のイギリスでは「社会主義の理想視」「空前の計画経済ブーム」が巻き起こっていたのである。知識人たちはこぞってソ連の科学信仰を称賛し、イギリスにも科学的な計画経済の導入を求めた。
1942年、イギリス労働党はパンフレット『古い社会と新しい社会』を発行し、戦後イギリスの目指す方向として「無計画な競争経済に回帰しない／計画的な生産が民主主義の基本／基本的な生産設備の国有化／農工業の統制キープ／利益争奪戦の阻止」などを提言した。また同年発表された**「ベヴァリッジ報告」**では、**「ゆりかごから墓場まで」**をスローガンに社会保障の完備を説き、〝福祉国家イギリス〟のビジョンが示されていた。

このように当時のイギリスでは、低迷するイギリス経済を再生させるための「万能薬」として、計画経済への期待が高まっていた。だが**ハイエクは、ファシズムと社会主義に強い共通性があることを見抜き**、真逆どころかどちらも**「全体主義の変種」であることに気づいていた**のだ。

全体主義とは「個人の思想や生活は、国家全体の利益に従うべき」という考え方だ。全体主義では、国家の要求が、すべての個人の好みや望みに優先する。そのため国家は、あらゆる手段を使って、個人から選択の自由を奪う。これがもし計画経済からくるものならば、**計画経済はイギリスにとって、万能薬どころか〝毒〟だ**。それが示す道は「希望への道」などではなく、自由を圧殺する**「隷従への道」**だ。

だからハイエクは本書を書いた。つまり本書は、毒草のもつ毒々しさを〝妖しい美しさ〟と勘違いし、それに魅せられ道を誤りかけたイギリス人を、正しい道へと呼び戻す「解毒剤」として書かれたものなのだ。

それでは、本書を通じて、そのハイエクの主張を見てみよう。

## イギリスで社会主義が流行したワケ

第二次大戦終結の少し前、イギリスでは計画経済が大ブームだった。そのため、戦時中に作った挙国一致の中央集権体制をそのまま残し、それを戦後復興にも役立てようとする動きが起こっていた。しかしそれは、かつてドイツが歩んだ道と同じだった。そう、イギリスは、ドイツが犯した過ちを繰り返そうとしていたのだ。

**イギリスはもともと「自由放任経済の申し子」だった**。産業革命で傑出した生産力を手に入れた彼らは、競争市場では無敵の存在だった。彼らにとっては「自由競争＝わが国の圧勝」であり、人々はその自由からくる繁栄に酔いしれていた。

しかしその自由主義にも、19世紀の後半に入ると、次第に陰りが見え始める。強いライバル国の出現、国内における貧富の差、飽くなき欲求と満たされない心……人々は社会の改善を求め始める。ところが自由主義の基本原則は「社会の力を最大限利用し、強制は最小限に抑える」ことだから、政府の任務は「必要最小限の補い」のみ。これでは劇的な改善など期待できない。人々は次第に不満を募らせてきた。

「自由主義は、過去のイギリスには必要だった。でもこれからのイギリスには必要ない。成長が止まった以上、いつまでも古い原理にしがみついてちゃダメだ。過去の栄光ばかり見ず、前を向いて行こう。イギリスはまだまだ発展できる。そのためには新たな原理が必要だ。発展には科学だ。ならば〝科学的〟を標榜《ひょうぼう》する社会主義にシフトすべきだ」――人々は次第にそう考えるようになっていった。

加えて同じ19世紀の後半に、途上国ドイツが、ぐんぐん国力を上げてきた事実も大きかった。イギリス人にはこれが、ビスマルク以降の社会主義的政策のおかげに見えた。**「自由主義のイギリスは下り坂、社会主義のドイツは上り坂」という現実は、イギリス人をさらに「自由放任は時代遅れ」という気持ちにさせた**のだ。

こうしてイギリス人は、かつて自由が自国に繁栄をもたらしてくれた恩も忘れ、「自由主義は、つかの間の自己利益を正当化するだけのものだった。強国だった頃の、恥ずべき遺産だ。あんな古くさくて野蛮な思想を信奉していたなんて……」と恥じ入り、新しく魅力的な思想・社会主義の計画経済に飛びついたのだ。

しかし人々は、なぜそんなに簡単に計画経済に鞍替えできたのか？　自由を捨てることに躊躇《ちゅうちょ》はなかったんだろうか？　資本主義の目指す〝自由〟と社会主義の目指す〝平等〟は両立できないはず。なぜならみんなが自由に活動すれば、社会は競争社会となるため、貧富の差（つまり不平等）は避けられないし、かといって平等を目指せば、必然的に強い者の自由は規制されるからだ。このチェンジは相当怖いはずなのに。

**実は当時、ほとんどの人々は、社会主義になることで自由を捨てることになるとは思っていなかった**のだ。なぜならこのチェンジは、巧妙な言葉でごまかされていたからだ。**「新しい自由」**という言葉だ。

つまり、**従来の自由主義が「圧政からの自由」（暴君を倒して得た権利面での自由）ならば、社**

**会主義は「貧困からの自由」**という理屈だ。

確かに、富は自由への第一歩だ。そう考えれば、計画経済で十分な富が約束されるなら、これは1つの「自由の実現」といえる。しかしそれには「富の大幅な実現」という無責任な約束が必要な上、全員を貧困から解放しようとすれば、最終的なゴールは、結局昔と変わりない「富の〝平等〟な分配」だ。

なのに当時の知識人は、「自由」という言葉を使って、明らかに自由とは真逆の方向を目指す宣伝を熱心にしたのだ。これでは「自由への道」ではなく「隷従への道」だ。欺瞞《ぎまん》以外の何物でもない。

だが彼らに、人々をだます意思はなかった。**彼ら自身も「社会主義は自由主義の系譜に連なる理想郷」と本気で信じ、無自覚のまま自ら「隷従への道」に足を踏み入れようとしていた**のだ。

## 計画経済には致命的なデメリットがある

しかし時間が経つにつれ、色々なことが見えてくる。ファシズムと共産主義を観察していた人々の中に、多くの要素が「ひどく似通っている」ことに気づく者が現れ始めたのだ。彼らは両者を「同じ思想的傾向の終着点」ではないかと疑い、その結果、社会主義に対する批判的な見方が示され始めた。つまり、

「社会主義は、自由への道ではない」

「民主的な手段で実現できる社会主義などない」
「マルキシズムは本質的にファシズムである」
「計画経済や独裁の原理を持ち込めば、目標の多様性は必ず画一性になる」
などの意見が出始めたのだ。

あの**ドラッカー**も「マルキシズムによって自由と平等が実現するという信念が完全に崩壊した結果、ロシアも全体主義への道を歩まざるを得なくなった。……**共産主義が幻想だとわかった後の段階がファシズム**である」と指摘している。

ところがイギリスでは、いまだに多くの人々が「社会主義と自由主義は共存できる」「ファシズムと共産主義は両極端の思想」と信じている。ハイエクは彼らを説得するため、自由主義と社会主義の根本的な違いを、さらに説明する。

彼によると、**社会主義の目指すものは「社会正義や平等と保障の拡大」**であり、そのための**具体的手段が「民間企業の廃止／生産手段の私有禁止／中央集権的な計画経済の導入」**だ。社会主義者を自称する人の多くは、「目指すもの」の方だけを見て、この思想を熱烈に支持する。だが「具体的手段」に目を向けた人の中は、その手法に自らの価値観を脅かす危険性を感じ取り、支持を拒むことも多い。それでも、この具体的手段まで含めて社会主義を支持する人も多い。

この中で、自由主義者と社会主義者の間でよく論争になるのが**「計画のあり方」**についてだ。自由主義者のいう計画とは「〝各人が最適な計画〟を立てられる条件を、政府が整える」ことであり、社会主義者のそれは「個人のすべての活動を、政府が作成した設計図に従い管理・指導する」ことだ。

ここからわかることは、**ハイエクは介入不要論者ではない**ということだ。誤解されがちだが、彼が求める自由主義は、「最小限の介入」の下で成立する自由主義であり、決して「介入の排除」ではない。つまり**彼は、個人の努力を活かすための競争に必要な環境整備のための「効果的な介入」を、計画者に求めている**のだ。**「競争のための計画」は必要だが、「競争を阻む計画」はあってはならない**。ハイエクが批判する社会主義の計画とは、まさに後者なのだ。

この後も彼は、計画経済の弊害を訴える。たとえば世間には「独占の弊害をなくすためには、計画経済が必要」という意見があるが、これも疑わしいと彼は見る。確かに、技術革新の成果として大企業の独占が進んだ場合、それは産業支配を助長する由々しき事態だが、それならば独占は、まず「資本主義が高度に発達した国」で起こらないとおかしい。だが真っ先に独占が現れたのは、産業の未熟なアメリカとドイツだった。ということは、**現実の独占は、産業発展の帰結ではなく、国家の手助けという「計画的な意図」をもったものが多い**ことになる。そもそも民間だけで起こった独占ならば、政府が「独占禁止法」という強制力を発動すれば、再び競争環境は復活する。

また**彼は「ごく少数の計画者」による経済運営も危惧する**。社会主義国でいえば、共産党のトップにあたる人たちのことだ。

仮に彼らが、金正恩みたいな理不尽な独裁者ではなく、高潔な理想主義者であったとしても、すべての人の価値観をカバーできる計画など立てられるわけがない。ということは、現実の計画経済では、「何だこれ？　こんなの一体誰の得になるんだよ！」と叫びだしたくなるようなストレス

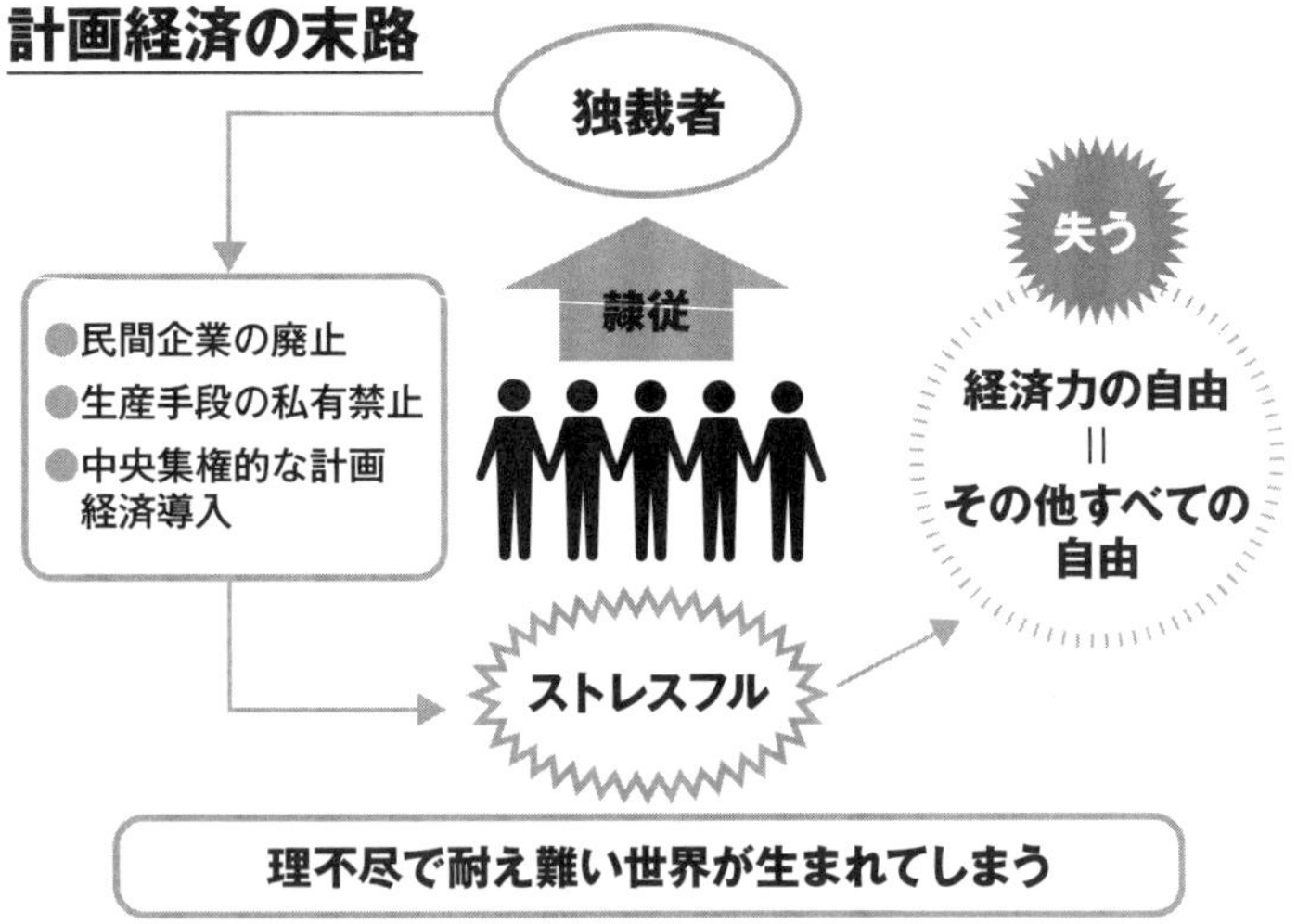


フルな計画を、多くの国民が強制されることになる。そうこうするうちに、気がつけばかつての理想主義者たちは、いつの間にか「絶大な権力を握る危険な連中」となり、「俺たちのやり方に文句をつけるな！」という心の狭い姿勢を取り始める。一途な理想主義者ほど、狂信者への変貌は早い。こうして計画経済は、最終的に誰にとっても理不尽で耐え難い世界を完成させる。**ハイエクが求める計画は、そうした「全知全能の独裁者」を必要とせず、相互調整を行う方法**である。

その他にもハイエクは、計画経済と民主主義は相いれないことも指摘する。何百万人もの幸福や福祉は、「たった1つのモノサシ」では測れない。計画経済はそれを無理やりやろうとするため、必然的に多様な意見は無視する。専門家を重視し、議会と多数決は軽視され、細かい利害調整はなされなくなる。それは民主主義ではない。当然の帰結として、計画社会は必ず「独裁」につながるのだ。

さらに**計画経済は、「法の支配」をも脅かす**。法の支配とは、政府のあらゆる行為があらかじめ定められ公表されたルールに縛られることだが、計画経済とこの「あらかじめ定められたルール」というやつは、非常に相性が悪い。

計画経済は「ケース・バイ・ケース」を基本とする体制だ。なぜなら、すべてが計画通りに進むはずなどないため、実際には「何かが不足すれば、そのつど供給する」の繰り返しになるからだ。しかも様々なニーズに、政府が優先順位も付けなければならない。**政策は常に状況に左右され、公式の原則よりも「計画者の裁量」が優先される**。これは、計画者の見解が法の一部になった状態であり、もはや自由ではない。

## 人が自由でいられるのは「経済力」のおかげ

ここまで見てきてわかるように、計画経済は人々から経済活動の自由を奪う。「でも経済が統制されることで、個人の自由や政治の自由が実現するなら、いいことなんじゃないの?」という人もいるが、それは違う。**経済の自由を失うことは、その他すべての自由を失うことになる**からだ。

計画経済では、貧富の差を解消するため、報酬を金銭から「非金銭的なもの」にしようとする。たとえば勲章・特権・住宅・余暇・旅行・教育機会などだ。しかし世の中からお金がなくなるということは、自由を実現する手段を失うことを意味するのだ。

よく考えたら、**お金は「目的ではなく手段」**だ。お金をいくら手に入れたところで、それを食べることも住むことも乗ることもできない。でもお金があれば、それらすべてを手に入れることができる。つまり**お金は、やりたいことや欲しい物を自由に選択できる力なのだ。力を具体化するための媒介**なのだ。

計画経済では、そのお金をなくし、かわりに働きに応じて食料や衣服、住宅などを提供する。それで**生きることはできるが、選択の自由はなくなる**。余暇も勝手に決められない。消費も自由に決められない。職業選択の自由だってない。なぜなら計画経済では、職業は選ぶものではなく「適性に応じて割り振られる」ものだからだ。

以上に見てきたように、ハイエクは徹頭徹尾、イギリス人があの素晴らしい「自由主義の伝統」を放棄しようとする現状に、警鐘を鳴らし続けた。

当初は激しく批判されたハイエクだが、彼の予言は的中し、今では誰もが社会主義国家が抑圧的な国家になることを知っている。彼は1974年にノーベル経済学賞を受賞して名誉回復した。弟子であるフリードマンは、このノーベル経済学賞が「ハイエクの命を救った」と言っている。ここには2つの意味が込められている。当時経済的に困窮していたハイエクが賞金で助かったという意味、そして**彼の「自由至上主義（リバタリアニズム）」が息を吹き返した**という意味だ。

ノーベル賞が転換点となり、ハイエクの評価はその後上がり続け、1991年父ブッシュ大統領から「大統領自由勲章」を受章した翌年、亡くなった。

ポイント

「計画経済」は、人が自由を手に入れるための経済力を奪うので絶対ＮＧ！

## 15 『経済発展の理論』（1912）

『経済発展の理論』塩野谷祐一 他訳（岩波文庫）

ヨーゼフ・アロイス・シュンペーター

**資本主義は、旧来の社会のシステムをガラリと変えてしまう「イノベーション」に支えられている。でもそれを担う「企業者」はとってもつらい!?**

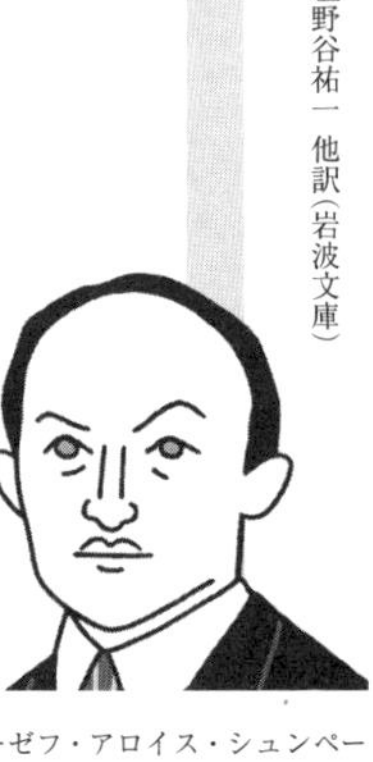

ヨーゼフ・アロイス・シュンペーター（1883〜1950）チェコの経済学者。チェルノウィッツ大学やグラーツ大学、ボン大学の教授を歴任。オーストリア政府の大蔵大臣も務める。後にアメリカに移住し、ハーバード大学教授に就任。

### イノベーションは突発的に起こるもの！

シュンペーターといえば**「イノベーション理論」**でおなじみの人物だ。彼の著書『経済発展の理論』では、その考えが余すところなく伝えられている。

彼にとっては、外的環境の変化などより、**イノベーションがもたらす劇的な変化こそが経済発展の主要因であり、資本主義の本質**なのだ。

シュンペーターにとっての「発展」とは「自発的な変化」、つまり経済が、自分自身の内部から〝創造〟するものだ。

たとえば途上国が先進国に植民地支配され、そのせいで天然ゴムの生産量が急増し、その結果ＧＤＰが増えたとするならば、それはシュンペーターの言う発展ではない。外部からの衝撃で動かされた受動的な経済成長は、単に「環境の変化に巻き込まれただけ」だ。人口増加や富の増加など、外的要因による経済成長も同じ。発展の「条件」にはなるが、発展そのものではない。**普通の経済循環を「静態」とするならば、シュンペーターのいう発展は「動態」だ**。静態とは生産や消費が常に同じ規模で循環している状態、動態はそれらが変化する状態だ。つまりシュンペーターの言う発展・動態とは、**通常の経済循環からの〝軌道変更〟であり**、均衡に向かう運動ではなく〝均衡状態そのものの推移〟であり、国民経済が**今までの重心から別の重心へと移る〝転換〟の理論**なのだ。

しかもその変化は**「ある日突然生まれる」**。この「非連続的な変化」というのも、シュンペーターのイノベーションの特徴だ。つまりイノベーションは、従来のやり方を続けていても起こらない。従来のやり方は「連続的な変化」であり、連続的な変化はしょせん「均衡的静態」にすぎないからだ。そこでは、資本主義の「動態」(ダイナミズム)はあり得ない。結局イノベーションは、従来の発想にはない**まったく新しい発想の下にしか起こり得ない**。ならばそれは「突発的なもの」ということになる。

そしてその自発的で非連続的な変化は、**「企業者」**によってもたらされる。企業者とはイノベーションの遂行者、担い手だ。

言われてみれば消費者サイドから、従来の静態を崩すほどの画期的な「新しい欲望」が生まれることなどほとんどない。たいがいの場合、**生産者サイドから「新しい欲望が教え込まれる」**形で生まれてくる。たとえば、2007年から販売が開始されたiPhoneが便利なことは、今となっ

## イノベーション

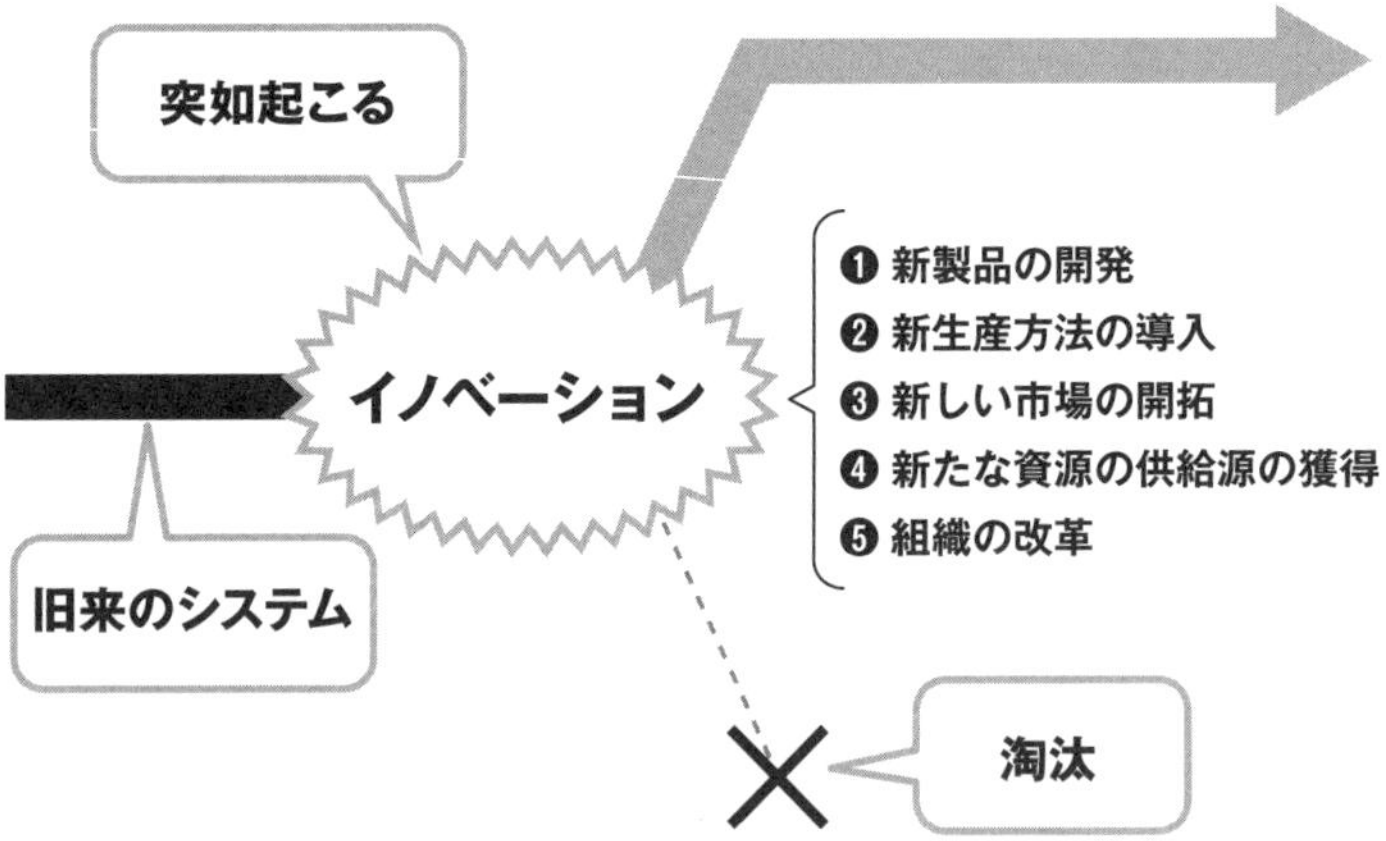


ては誰もが知っている。だが、1997年ぐらいに「あーあ、タッチパネル式の携帯情報端末が欲しいな」なんて思っていた消費者は、誰もいない。思いつかないからだ。結局あれはアップル社という企業が、消費者に新たな欲望を教え込んだ結果としてのヒット商品ということになる。

そして単なる生産活動が、静態の中での「物や力の結合」ならば、**イノベーションは「非連続的な〝新結合〟」**だ。ここにこそシュンペーターのいう「発展」はある。

では、彼のいう「イノベーション」とは何なのか？——それは**「新しいものを生産すること」**または**「既存のものを新しい方法で生産すること」**であり、その例として、次の5つを挙げている。

①新製品の開発（今までに存在しなかった、

パソコンやiPhoneみたいな商品）
②新生産方法の導入（「その産業にとって新しい」でもＯＫ）
③新しい市場の開拓（同じく「その産業にとって新しい」でもＯＫ）
④新たな資源（原材料）の供給源の獲得
⑤組織の改革（新しい企業の組織形態の形成）

さらにシュンペーターは、イノベーションに関して**「新結合は、旧《ふる》いものと〝並んで現れる〟」**ということを、繰り返し述べている。これはつまり、新結合は「旧いものの変化」などではないということだ。旧いものにそんな力はない。駅馬車の持ち主に、鉄道を建設する力はない。結局新結合は、新しいものの台頭で旧いものが淘汰され、社会的地位が入れ替わることで生まれてくるのだ。

しかも彼は、**「発展につながる新結合は、〝新しい生産手段の増加〟ではなく、〝旧結合から奪い取った生産手段〟によってもたらされる」**とも言っている。そりゃそうか。新結合の担い手は「企業者」であって資本家ではないのだから、最初から生産手段を持っているわけではない。ならば、いくら気の利いた新事業をやろうと思い立っても、それに従事させるための手頃な余剰労働力（つまり失業者）を抱えているわけでもなければ、そのための工場を持っているわけでもない。ならばそれらは、旧いシステムの方から「奪い取る（つまり買い取る）」他ない。シュンペーターはこれを「新結合の遂行は、現存する生産手段ストックの転用を意味する」と表現している。

## イノベーションの担い手になるのは予想以上に大変？

しかしそうなると、1つ問題がある。金の問題だ。くどいようだが、企業者は資本家ではないため、金がない。たとえば駅馬車の持ち主が鉄道事業をやりたいと言い出したのなら、今までに駅馬車で稼いだ金を軍資金にすればいい。でも企業者にそんな金はない以上、彼らには「信用」、すなわち借金が必要ということになる。「才能ある者は借金に乗って成功する」というやつだ。ところが借金するとはいっても、世の中に現存する貨幣は、すでに旧結合の中で使われてしまっているため、新結合の方に回す余剰金はない。ならどうするか？——ここでシュンペーターが重視しているのが、銀行の**「信用創造」**だ。

信用創造とは、銀行が預金と貸出を連鎖的に繰り返すことで、元の預金の何倍もの預金通貨を生み出すことだ。ここでは詳しい説明は省くが、要は一種の〝錬金術〟だ。つまり、新結合のための金がないのなら、銀行に生み出してもらえばいいという発想だ。

金で旧結合から生産手段を移転することはできても、金そのものを移転することはできない（それは強盗だからムリ）。ならば新結合遂行のための購買力は、銀行に「無から有を生み出してもらう」しかない。この瞬間、**銀行は購買力の仲介者から「購買力の〝生産者〟」となり、唯一の資本家となる**のである。

ではこの企業者とはどういう人で、彼には何が求められるのだろう。

先にも書いた通り、企業者とは「新結合の遂行者」、つまりイノベーションの担い手のことだ。

## イノベーションの担い手

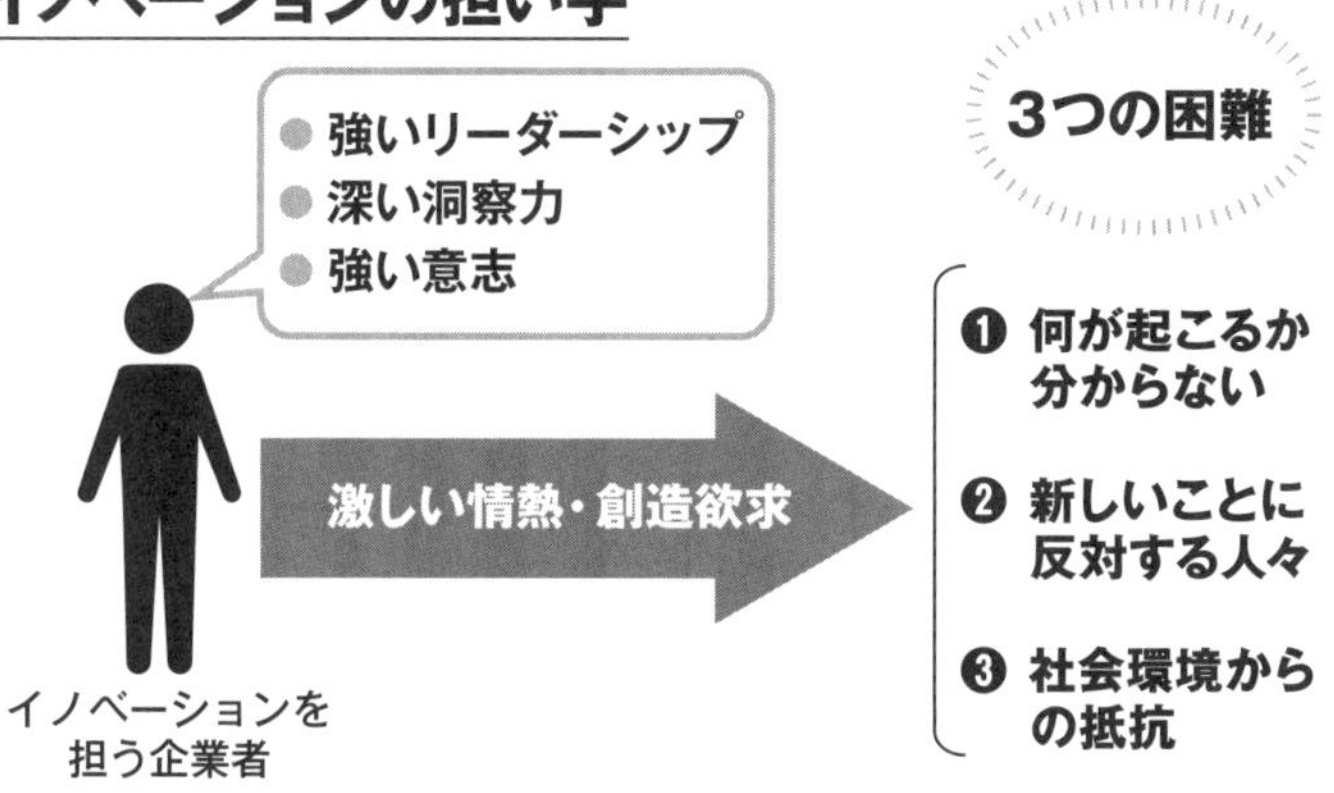


**イノベーションの担い手は激しい情熱で3つの困難に立ち向かう**

ここまでに見てきたように、「企業者＝資本家」ではない。さらに言うなら、企業者は職業でも階級でもないので、新結合の遂行者であるならば、社長でも重役でもヒラ社員でも構わない。

ただし企業者には、**指導力と深い洞察力、困難に立ち向かう強い意志**などが求められる。なぜならば新結合には、次の3つの困難が待ち受けているからだ。

①何が起こるかわからなくても、行動しなければならない。

②新しいことに反対し、慣行軌道に戻ろうとする人々と立ち向かわなければならない。

③社会環境からの抵抗（法律または政治的妨害・異なる行動への非難など）。

これらを乗り越え、人々が新しい慣行を受け入れられるようになると、今度は彼らに新しい慣行を教えなければならない。これをするのが「指導者活動」であり、新結合のリーダーたる企業者の大きな役目になる。つまり**企業者には「他人への影響力」も強く求められる**のである。

典型的な企業者は、自分の行動の快楽的成果など気にせず、ただ絶え間なく創造する。彼の原動力は「強い勝利者意志」であり、経済行為はスポーツのようなものだ。そして富を得ることは、目的ではなく「成功の証し」なのだ。

彼は信用を駆使し、意志と行為のみで現存の生産手段の用途を変更し、それをより適切かつ有利に使用することに成功した。彼は「新結合を遂行」したのだ。

## 「驕らぬ企業者も久しからず」

最後に、恐ろしい話だが、シュンペーターは**「イノベーションの後には、不況が来る」**とも言っている。新技術は世の中に熱狂的に受け入れられるが、それが行き渡った後に待っているのは、過剰供給からくる不況だ。

しかし彼は、**不況をイノベーションの「必然的な反動」**ととらえて受け入れる。しかもその解決策は「放任」が正解。つまり市場の自然治癒力に任せようという考えだ。だから、不況になってもケインズ的な有効需要の創出などしなくていいのだ。なぜならその反動が「必然的」であるならば、自然の流れに任せておく方が、資本主義は正常な発展方向へと戻っていくはずだからだ。

シュンペーターは、**イノベーションは理性的なものではなく「ディオニソス的なもの」**とも言っている。ディオニソス的とは「刺激的、陶酔的」という意味で、この言葉はニーチェの哲学でも使われている。つまりディオニソスとは別名バッカス。ギリシア神話に出てくる「酒の神」だ。

つまり「こんな研究、採算合わないだろうなあ……」なんてつまらない理性で去勢されているうちは、イノベーションは起こらないのだ。**理性で制御できないほどの創造欲求、言葉で説明できないほどの執着心、激しい情熱こそが、イノベーションの原動力**となり得るのだ。

アップル製品を世に出したスティーブ・ジョブズもこう言っている。「偉大な製品は、情熱的な人々からしか生まれない」――まさにイノベーションの申し子的な発言だ。

しかしシュンペーターによると、ジョブズのような成功した企業者は、没落する旧い経営者と社会的地位が入れ替わるが、彼もまたいずれ、新たな企業者に駆逐される。シュンペーターの言葉を借りると「社会の上層はいわばホテルのようなものであって、いつも人々でいっぱいであるが、いつも違った人々でいっぱいなのである」ということだ。

「驕《おご》る平家は久しからず」はことわざだが、この場合「驕らぬ企業者も久しからず」か。まさにイノベーションは「諸行無常」だ。

**ポイント**

**旧来のシステムと非連続に突如起こるイノベーションこそが資本主義を支えている**

# 16『資本主義と自由』（1962）

『資本主義と自由』村井章子 訳（日経BP社）

ミルトン・フリードマン

**「新自由主義」「小さな政府」。シカゴ学派の巨人はレーガンやサッチャーなど大国のリーダーたちにも大きな影響を与えた**

ミルトン・フリードマン（1912～2006）アメリカの経済学者。シカゴ大学教授。ニクソン大統領時代のブレーンを務める。シカゴ学派の重鎮。1976年にノーベル経済学賞を受賞した。

## 自由主義をつきつめれば社会がうまく回る

20世紀の経済学には、ケインズ以外にもう1人の巨人がいた。フリードマンだ。前半の巨人がケインズなら、後半はフリードマンだ。**2人は真逆の資本主義を示した。**ケインズが「修正資本主義」なら、フリードマンは**「新自由主義」**、ケインズが「大きな政府」でルーズベルトに影響を与えたなら、フリードマンは**「小さな政府」**でレーガンやサッチャーに影響を与えた。

世間的には、ケインズの方が有名だ。なぜならケインズは「不況の時こそ、政府は金を使おうぜ」という、当時誰も思いつかなかった斬新なアイデアを提示し、それが各国で採用されたからだ。つまりケインズは、思想・政策の両面で名を残した巨人であり、今では僕らは、「不況期の政府は、国債を発行して公共事業や社会保障をガンガンやれば、国民の有効需要を創出できる」ことを、誰もが知っている。

それに対してフリードマンは、思想面ではケインズほど斬新ではない。彼の思想は師にあたるハイエク（86ページ参照）の自由主義を基調としたもので、新鮮ではあるが、「ケインズ革命」と呼ばれるものほどの斬新さはない。しかし**政策面で世界に与えた影響はケインズに匹敵し、今日のグローバル化を加速させる要因**となっている。

フリードマンは、1962年に本書『資本主義と自由』を書いた。書いた当時は「ケインズ経済学こそが正義！」という時代だったため、この本はまったく注目されなかった。しかし、時代の変化とともに世間の風向きが変わり、本書は受け入れられた。

受け入れられた理由はひとえに**「事実の重み」**だ。1973年の石油危機で発生したスタグフレーション（不況＋インフレ）をケインズ経済学は克服できず、かつては知識人の希望の星だった中国とソ連は、明らかにうまくいってない。こうなると、国民は肥大化する一方の政府に不信感を抱き、従来とは違った思想を待望する。

そんな中、ハイエク以降自由主義の系譜を守るシカゴ大学は**「シカゴ学派」**として次第に注目を集め、ついに1976年、そのドンであるフリードマンがノーベル経済学賞を受賞したのだ。

それでは、その『資本主義と自由』に見られるフリードマンの思想、どんなものか見ていこう。

本書はまず、ケネディ大統領の就任演説にある有名な一節を批判するところから始まる。**「国が諸君のために何をなし得るかを問い給うな。諸君が国のために何をなし得るかを問い給え」**というやつだ。

フリードマンとってこの演説は、自由人の理想には程遠いものだった。本当の自由人は、国が自分に何をしてくれるかなんて考えない。自分が国に何をできるかなんてことも考えない。ただ**自分の自由を守り、その自由に伴う責任を果たすために「政府という手段を使って何ができるか」を考える人**なのだ。

政府は「自分の自由を守るために必要な〝道具〟」であって、決して「自分の自由を脅かす装置」にしてはならない。権力の集中は、自由にとって脅威だ。しかも「大きな政府」は、安心感を与えるかわりに多様性を潰す。だから僕らは、政府の権力に制限をかけつつ、その権力を分散させなければならないのだ。

**昨今のアメリカでは、「自由主義（リベラリズム）」という言葉が、本来とは真逆の意味で使われている。**本来の自由主義とは「個人の自由の実現のため、政治的には政府の裁量縮小と議会制の確立、経済的には国内で自由放任主義、国外では自由貿易」を目指す考え方だ。なのに近年は「福祉と平等が自由の前提条件」という考え方で、国家の干渉を支持する連中が「リベラル」を自称している。

フリードマンは、このように自由の破壊者になりかねない連中に自由主義を名乗らせ、本来の自由主義者が「保守」と呼ばれる現状を怒っている。だから本書では一貫して、自由主義という言葉は、本来の意味の方で使われている。

「おいおい、政治と経済を一緒くたにすんなよ。政治は政治、経済は経済、別物なんだから。政治的には福祉国家で保護してもらいつつ、経済体制は自由に選んでいけば問題ないよ」という人もいるが、フリードマンはその考えを切り捨てる。なぜなら**政治的自由をキープできる経済体制は市場経済、すなわち競争資本主義しかない**からだ。つまり、経済を自由に発展させるからこそ、経済力が政治から切り離された1つの権力となり、それが政治権力を抑制できる力ともなるからだ。

しかもフリードマンによると、経済の自由は、思想的自由の確保や差別の排除にもつながる。**「何でも金で片がつく」**からだ。たとえば自分の主義主張を本や広告で世に広めたいと思うなら、潤沢な広告費や面白い本を準備すればいい。それらで出版社や広告代理店が「儲かる」と思えば、それらは世に出すことができる。あるいは自分の権利を拡大したければ、議員や政党に政治献金をすればいい。そうすれば、議員はそれを法律として具体化してくれる。「アカ狩り」で共産党員が公職追放されたとしても、自由な市場はちゃんと彼らに職場を与えてくれる。金銭的に労働力として見合えばいいだけの話だ。

## 政府は市場経済のゲームの審判たるべき

このように、**人格を持たないピュアな市場経済は、マイノリティー（共産党員など）を差別から守る側面も持つ**。「市場のせいで差別が生まれる」というのは、大いなる誤解だ。

「でも、何百万人もが関与する経済活動を自由にしておいて、うまく調整できるの？」と言う人もいるが、これも問題ない。別に経済活動の調整は、トップダウンで政府が上から強権を発動して命令しないとできないわけじゃない。「個人が自発的に交換し、助け合う」やり方もあるのだ。

市場は、まさにそれだ。**自由な市場では、双方が十分な情報を得て自発的に行う取引は、双方に利益をもたらす**。その了解があるから、市場経済では、政府が強制などしなくても、個人同士で自発的に調整が行われるのだ。

「でもそれなら、政府は不要なんじゃないの？」――それはない。それどころか、**政府は市場経済という「ゲームのルール」を決めて審判するためにも、必要不可欠**だ。つまりフリードマンもハイエク同様、安直な政府不要論者ではないということだ。自身でも「筋の通った自由主義者は、決して無政府主義者ではない」と言っている。ただその役割を最小限にしようと言っているだけなのだ。

ただしそうなると、「政府がやるべきじゃない仕事」というものも出てくる。フリードマンは具体的に14項目（左ページの図参照）を挙げ、これらは政府がやる理由がない仕事とはっきり言っている。

政府はここ数十年、「完全雇用」と「経済成長」を錦の御旗に、堂々と市場経済に介入してきた。確かに市場は不安定だ。放っておくと好不況を繰り返す。なら介入もやむなしなんじゃないか――フリードマンはそういった考えを否定する。彼によると、1929年の世界恐慌は、市場経済の不安定さがもたらしたものではなく、政府が設置した**「FRB（連邦準備制度）」（アメリカの中央銀行制度。日本の日銀にあたる）の対応のまずさが引き起こしたもの**だ。

## 政府がやるべきではない仕事

1 農産物の買い取り保証価格
2 輸入関税や輸出制限
3 農産物の生産制限や原油の産出規制
4 家賃・物価・賃金の統制
5 労働者への最低賃金や商品の価格上限
6 企業活動に対する規制
7 ラジオとテレビの規制
8 現行の社会保障制度（特に年金）
9 事業や職業の免許制度
10 公営住宅および住宅建築への補助金
11 平時の徴兵制
12 国立公園
13 営利目的での郵便事業を禁止すること
14 有料道路

世界恐慌の際、銀行の経営破綻で「取り付け騒ぎ」（預金引き下ろしパニック）が起こり、預金者が銀行に殺到した。中央銀行であるFRBなら、銀行に預金払い出しを停止させるなり通貨供給量を増やすなりの手が打てたはずだ。なのに何もしなかった。次の銀行破綻時にも何もしなかった。金本位制が崩壊しかかった時には金流出を防ぐため、不況なのに金利を上げた。全部間違っている。

これらFRBの大失策のせいで、アメリカ人の所得は4年前の半分になり、物価は3分の2に下がった。結局世界恐慌は、1つの機関が権力を握り、そこが判断ミスをしたらどんな悲惨な目に遭うかの実験場となってしまったのである。フリードマンが「中央銀行の独立性」に反対する理由はこれだ。

さらに、今のアメリカの経済成長を妨げているのも、政府の施策のせいだ。関税その他の貿易障壁、重く不公平な税制、物価や賃金の統制、無数にある規制……これらが成長や安定の障害になっているのなら、今必要なのは、政府の介入を減らすことだ。

## 自由を脅かすのは人間の〝裁量〟

ならどうやって経済を安定させるか？――フリードマンは**「安定した通貨の枠組み」**を提案する。安定した通貨制度を作った上で、責任は全部政府が負い、それに伴う権限は制限する。それ以外の政府の権限は、極力排除する。これならば、肥大化した政府に自由を脅かされることなく、経済を安定させられる。

しかし、フリードマンが望んでいるものを整理すると、**「政府の無責任な干渉を受けず、必要な通貨の枠組みは用意するが、自由を脅かすほどの権力が集中しない制度」**ということになるが、はたしてそんな都合のいい制度を作れるんだろうか？

フリードマンが見つけた唯一の答えは、これだ。

**「金融政策のルールを〈法制化〉して議会の監視下に置き、通貨供給量も人間の〝裁量〟から切り離して、法律の規定に従って決めていく」**

市場は確かに間違えるし、不完全だ。しかし同時に、**政府も間違える**。特に個々のケースに対応する場合には、限られた狭い範囲に気を取られて全体像を見失い、間違える危険性が高い。しかし、あらゆるケースを網羅的に想定した大まかなルールさえ決めておけば、方向性自体を間違えることはない。金融政策を人間の裁量から切り離してルールに委ねるべきというのは、そういう意味だ。

本来なら法律で「中央銀行の任務＝安定した物価水準の維持」と規定できればいいのだが、残念ながら中央銀行にその能力はない。だからフリードマンは「通貨供給量のルールを法制化する」というアイデアを提示したのだ。

**ケインジアンのように、場当たり的な「裁量」で通貨供給量を増減させるやり方は、経済を攪《かく》乱《らん》させるだけだ。でも法律に基づいて「一定率」（k％）で通貨量を増やしていけば、全体の方向性は見誤らない。**これが有名な**「k％ルール」**であり、フリードマンの考え方が**「マネタリズム」**（貨幣供給量〈マネー・サプライ〉に主眼を置く学派）と呼ばれるゆえんである。

フリードマンはこの考えで「新自由主義」の旗手としてもてはやされ、1976年にノーベル経済学賞を受賞した。彼の拠点であったシカゴ大学には考えを同じくする経済学者が多く集まり、**「シカゴ学派」**と呼ばれる経済学の一大派閥を形成した。また彼の新自由主義路線は、イギリスのサッチャー政権やアメリカのレーガン政権にも採用され、1980年代には英米を中心に「減税・規制緩和・民営化」などの政策が実行された。

また**フリードマンの政策は、南米チリでも採り入れられた。**1970年に世界で初めて自由選挙で社会主義政権を樹立したチリのアジェンデ政権は、その3年後、陸軍総司令官だったピノチェト将軍のクーデターにより倒された。ピノチェトは、独裁者になると同時に、国内の左翼勢力一掃のため、アカ狩り・虐殺・投獄・国外追放などを行った。さらにその後、「シカゴ・ボーイズ」と呼ばれるフリードマンの弟子たちをチリに招き、社会主義から新自由主義へとチリ経済の舵《かじ》を180度転換させたのだ。

チリでは、アジェンデ時代に国有化された企業の民営化や農地改革の廃止（地主制の復活につながった）、自由貿易路線などが次々と実施され、さながら**「マネタリズムの実験場」**のようになった。これが功を奏してか、チリは短期的にはすばらしい経済成長を遂げた。フリードマンはこれを**「チリの奇跡」**と呼んだ。

しかしその後、チリでは貧富の差がすさまじく拡大した上、輸入品の急増による国内製造業の壊滅や二度にわたる石油危機の余波によるハイパー・インフレ、累積債務などが発生した。そして1985年には、シカゴ・ボーイズはピノチェト政権から追放され、チリ経済はケインズ的な需要管理に軌道修正したことが功を奏して、持ち直した。

競争社会は、弱者に厳しい。**新自由主義の猛威は、途上国をグローバリズムの渦に巻き込み、格差をまき散らした**ように見える。チリを見る限り、フリードマンの新自由主義路線を世界の標準モデルにするのは難しそうだ。

**ポイント**

**競争資本主義の貫徹こそ公正で自由な社会を導くためのカギ**

# 17 『クルーグマン教授の経済入門』（1990）

ポール・ロビン・クルーグマン

『クルーグマン教授の経済入門』山形浩生 訳（ちくま学芸文庫）

**他の経済学者への毒舌満載！　口はとっても悪いが、経済について見るべきポイントをわかりやすく、明確に読者に示してくれる痛快な1冊**

ポール・ロビン・クルーグマン（1953〜）アメリカの経済学者。スタンフォード大学教授、マサチューセッツ工科大学教授、プリンストン大学教授を歴任。2008年、ノーベル経済学書を受賞。

## 世界貿易の謎を解くカギは「私たちの好み」にあった!?

クルーグマンは**「ニュー・ケインジアン」**と呼ばれる経済学者の1人だ。

ニュー・ケインジアンとは、フリードマンに代表されるマネタリズムなどに対して、**「完全雇用は時間をかけてじっくり裁量的に目指していけば実現できるから、やはりケインズ的な財政・金融政策は有効だよ」**という立場だ。

1970年代の石油危機の時、スタグフレーション（不況＋インフレ）を解決できなかったケインズ経済学が衰退し、かわりにマネタリズムが主流になったが、2008年のリーマン・ショック以降、各国が大規模な財政政策を始めたことで、再びケインズ的な手法が注目され始めた。ニュー・ケインジアンは、その中心にいる人たちだ。

その中の代表的な人物が、スティグリッツとクルーグマンだ。ここではクルーグマンを見てみよう。クルーグマンは2008年、ノーベル経済学賞を受賞した。彼の**「新貿易理論と経済地理学」**が評価されたのだ。新貿易理論は、従来の「リカード型の比較優位論に基づく貿易理論」とは一線を画する、現実に沿った新しい貿易の考え方だ。

まずクルーグマンは**「世界貿易の多くが先進国間で行われている」**という事実を、不思議に思った。なぜなら素直に考えれば、貿易は「先進国が途上国から原材料を輸入して、自分たちの欲しい工業製品を作る」という〝加工貿易〟が多く、それならば「先進国—途上国間」の貿易になるはずだからだ。

この疑問は、リカードなどの伝統的な貿易理論に基づいている。つまり貿易は、技術の違いや生産コスト、天然資源の埋蔵量の違い等がある所に生まれる、という考え方だ。確かに貿易は「足りないもの・買いたいもの」を輸入して「余っているもの・売りたいもの」を輸出するのが自然だ。そう考えれば、貿易の形は「先進国—途上国間」になるはずだ。

なのに実際は、**似たような技術力の工業国同士で、似たような商品の貿易をしている**。つまり「日米間で、互いに車の売りっこをする」みたいなことばかりやっている。しかも、それらの産業が発展するのに有利な地理的条件や必然性があったわけでもない。一体どういうことなんだ？

まず、先進国間で似たような商品の貿易ばかりする理由から見てみよう。それへのクルーグマンの答えは**「消費者は多様性を好む」**からだ。

言われてみれば、確かにそうだ。僕らは車を買う時、まず最初に「車を買おう」と思い立ち、次にカー雑誌を買ってきて、どの車種にしようかとニコニコしながらページをめくる。その時にはもう、僕の意識は「車が欲しい」じゃない。「レクサス欲しいなー」とか「シボレー、超かっこいいなー」など、「多様性から効用を得る」にチェンジしている。

しかも多様性を好むなら、同じような工業製品を作り合っていても、互いに貿易で利益を上げることができる。工業生産で大きな利益を上げるには**「収穫逓増」**(設備投資をすればするほど生産効率がよくなるという、いわゆる**「規模の経済」**)が必要だが、客が多様性と選択の幅を求めてくれる限り問題ない。消費者に「フェラーリが欲しい」「日本車最高!」「リムジンに乗りたい」という多様な欲望さえあれば、どの国の自動車産業も、ガンガン作って儲けることができる。

そして**経済地理学**の方だが、クルーグマンは、**「産業発展を通じて都市部の過密化と農村部の過疎化が起こる仕組み」**を説明した。

まず国内が農業中心で発展している、経済発展の低い段階があるとする。農業は農地という条件に縛られるから、当然人口は、農業に適した土地の近くに集中する。しかしそのうち、工業も栄えてくる。最初は規模が小さいから、工業が発展する場所も農村の近く、つまり需要者の暮らす地域付近に限定される。

ちなみに「なぜその地域でその工業が栄えたの?」という原初の集積理由は、**「歴史的偶然性」**によるところが大きい。たとえば「なぜ日本で自動車産業が栄えたの?」と聞かれれば、答えは「軍需系の技術者が多数いたことや、豊田佐吉がいたこと」となるが、このように戦争や特別な人物がその地にいること自体が偶然性だ。確かに、そういう理由でもなければ、日本みたいにちっ

## 都市部の過密化

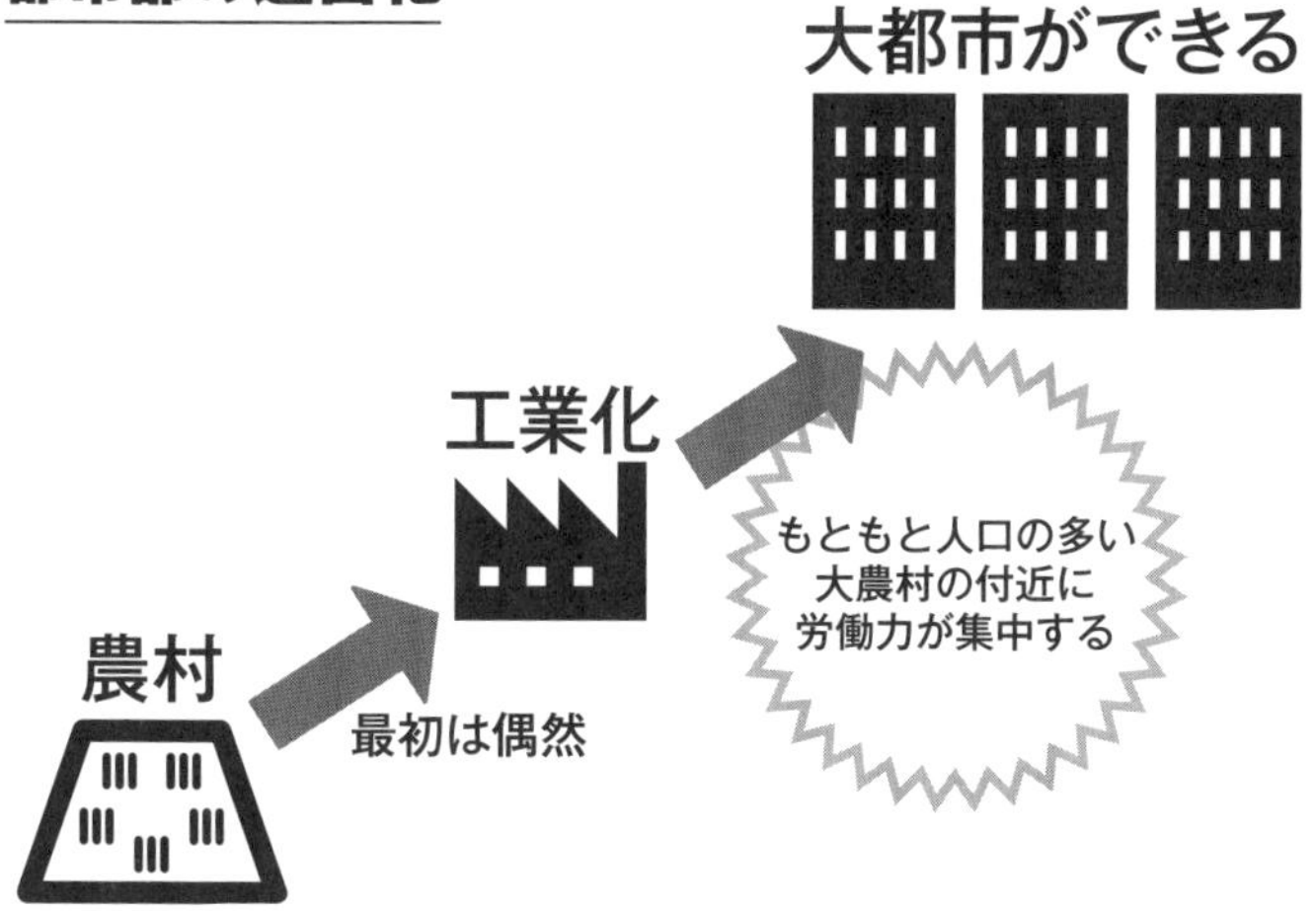


ぽけな国で自動車産業が栄える歴史的必然性などない。都市から都市への移動距離がべらぼうに長い巨大国家でもないのに。

話を戻そう。経済は当初は農業中心だったが、次第に小規模ながら、工業も栄えてきた。しかし経済が発展してくると、次第に工業所得が大きくなり、それに合わせて技術革新や輸送手段の発達も起こってくる。

そうすると、人口区分も変わってくる。最初は大小さまざまな農村近くで寄り添うように始まった工業が、生産規模の拡大を受けて、労働力確保の観点から次第に「もともと人口の多かった大農村の付近」でのみ栄え始めるのだ。すると当然、そういう場所で収穫逓増、つまり「規模の経済」が実現し、労働力がますます集中する。

加えて、「技術進歩は人々の需要をさらに旺盛にする」「商品輸送にも規模の経済が働く」

などの理由から、商品販売がそういう大きな地域に優先的に行われ始める。すると、それに合わせて、人口がさらに大きな地域に集中し始めることになるのだ。

これら新貿易理論と経済地理学が評価されて、クルーグマンは２００８年、ノーベル経済学賞という大いなる栄誉を授かることになったのだ。

## 「注目すべき点」と「全然重要じゃない点」が誰にでもわかる名著

クルーグマンはそれ以外にも、「経済学のわかりやすい解説者」としても有名だ。

今回紹介する本は『クルーグマン教授の経済入門』。この本は面白い。彼のことを知りたい人は、ぜひこの本から読むべきだ。

彼によるとこの本は、「学問的な水準を保ちつつ、しかも専門家以外の一般読者にもわかるような、アメリカ経済についての短い本」だ。**原題は『期待しない時代』**。この本が書かれた１９９０年代のアメリカは、経済的にはろくな実績を上げていないにもかかわらず、それをどうにかしろという政治的圧力もなかった、停滞の時代だった。クルーグマンは、なぜアメリカがそんなダメダメな経済状況への改善努力をしないのかについて、専門家目線だが非常にくだけた文体で、僕らに説明してくれている。

この本のいいところは、読者に**経済の着眼点をはっきりさせてくれている**点。メチャクチャわかりやすく**「経済で注目すべき点」と「注目しがちだが実は全然重要じゃない点」**が書かれている。

しかも全然回りくどくなく、テンポがいい。彼によると経済書には「ギリシア文字式（理論的で数学多用。内容が優れていても、ちんぷんかんぷん）」「ジェットコースター式（最新のニュースや統計データにばかり気を取られた、絶望的に退屈な本）」「空港式（空港の本屋によくあるベストセラー系。たいがいは大惨事を予言している）」の3パターンがあるが、この本はそのどれにもあてはまらない。つまり彼は、従来なかった「中身があって気楽に読める本」を、僕らに提供してくれたのだ。まあ実際には、日本語タイトルに「入門」とある割には細かい部分が難しいが、**「どこが大事なのか」という僕らが一番知りたいことは、誰にでもわかるように書いてくれている。**

あとこの人、口が悪い。読み始めてすぐに感じたのは、「何だこりゃ？　プロの経済学者の〝炎上商法〟か⁉」だった。訳者である山形浩生氏の「訳のクセがすごい」せいもあるだろうが、本当にこの人は毒舌だ。経済の本を読んでいるというより、まるで有吉弘行のラジオ番組を聴いてる感じ。面白いけどハラハラする。とにかく先輩だろうが何だろうが、ページが進むごとにどんどん敵を増やしていく。

「くたばり損ないのサプライサイド屋」「マネタリストはもう遺物」「ガチガチの左翼（もう絶滅してたりして）」「宴会の雑談に毛が生えたような説明」「要するにそいつら、自分が何言ってんだかまるでわかっちゃいないんだ」「最下層ってわかるよね。あの貧困と社会崩壊の悪循環にとらわれた、どうしようもない人たち」――やめなさい兄さん！　そんなことばっかり言ってたら、毎日家の前にマネタリストやサプライサイダーがうじゃうじゃ来て、ピンポンダッシュされたり、うな重100人前とか注文されちゃいますよ。あるいは机に彫刻刀で「学校来んな!」とか掘られたり。

しかもこの人、アメリカのペロー大統領候補にまで噛みついている。せっかく自分が大統領になったら「ボンネットを開けて作業して、アメリカ経済を立て直す」と公約してくれてるのに、「車の仕組みがわかってない自動車修理屋にエンジンをつつき回されたらたまったもんじゃない」——も～政治家まで敵に回さない! あなた参謀とかになりたくないの? 同業者だけにしときなさい。

## アベノミクスのもとになった考えが書いてある

彼が本書で訴えたいのは、とにかく**経済にとって大事なことは「生産性・所得分配・失業」の3つだけ**で、本当にこれに尽きるということだ。

一見かなり地味な主張だが、これらがなぜ大事なのか、なぜ真剣に改善されないのか、これらと別の要素(たとえばインフレや国際競争力)を絡めた議論がいかに的外れであるかなどを、テンポよくわかりやすく面白く説明してくれている。ここではこれらが改善されない理由だけ触れておくと、これらの改善には根本的な経済システムの改善が必要になるが、そういうのは世界恐慌レベルの危機的状況でもない限り実行されないため、そこまで追い込まれていないアメリカの現状では着手されず、そこまで待望されてないから国民の不満も噴出しないのだ。まさに原題通りの『期待しない時代』だ。

また、本書では時代を反映して、**日米貿易摩擦**にもけっこうページ数を割いている。しかも分析がすごく的確だ。「日本は法律に書いてあることと実際に起こっていることとの間に、ものすごい開きがある」「日本が汚いとみんなが言うのは、黒字の大きさじゃない。その黒字がどうやって達成されてるかって話。日本はどうも、輸出はするけど輸入はしない国みたいなんだ」「日本そのものがあいまいな社会で、アメリカ人が期待するようなゴリゴリの法律主義はない」「アメリカに来てる日本企業は、地元で調達すれば安くあがるものを、日本のなじみの業者から買おうとする」

こういうことを書いた上で、**日米貿易摩擦はアメリカ経済を悪化させた諸悪の根源などではなく「ほんのちょっと有害」な程度**であること（悪いのは東京じゃなくてワシントンとニューヨークなんよ／日本の成功が傷つけるのは僕らのプライドであって、生活水準はさほど傷ついてない）、そして**その日本が、バブル崩壊後は、まったく脅威でなくなった**ことなどを書いている。

「1996年時点のアメリカ人は、もう数年前ほどには、日本を怖がらなくなっていた」——ここでクルーグマンが言いたいのは「だから日米問題も、今すぐどうこうしなくてもいい『期待しない時代』の文脈に収まったよ」という事実だが、日本人である僕らが読むと、不思議な感慨が湧き上がる。

「そうか、僕らはアメリカから怖がられていたのか」——バブル崩壊で金とともに自尊心を根こそぎ削り取られた僕らにとっては、こんな表現が妙に嬉《うれ》しかったりする。そうか、彼らが「期待しない時代」なら、こっちはここ20年「後ろ向きな時代」だったんだ。こんなに長く自国経済に

## クルーグマンの3つの提案

❶ **構造改革** → 日本の総需要の落ち込みには対処できない ×

❷ **財政拡大** → 公共事業はすでにやり尽くした ×

❸ **従来型でない金融政策**

↓

**恒久的な金融拡大** ＝ **アベノミクスの「異次元の金融緩和」**

**しかし、クルーグマンは「異次元の金融緩和」は失敗と示唆**

誇りを持てない状態は、やはりよくないな。

さらにこの本には、番外編として**「日本がはまった罠」**という章があったが、これがとても興味深かった。

そこになんと**「アベノミクスの原形」となるアイデアが書かれていた**のだ。

まずクルーグマンは、1998年時点の日本を見て、ここまで長期にわたって景気が冷え込み続けるなんてことは「起きないはず」と言っている。こういう不況は、単にお金をもっと刷れば解決できるものだし、金利だってほとんどゼロだ。なのに経済は、いつまで経っても不況続き。これは一体どういうことだ？

彼はその理由を、不良債権や高齢化のせいにはせず、**「流動性の罠」**のせいだと考えた。これはケインズ経済学の概念で、簡単に言うと**「金利はゼロより下げようがないから、こ**

**こから先は短期的な金融政策では、どんな大規模なものでも効果はない」**というものだ。ただこれは、あくまで「理論上の仮説」であり、実際の現象として一国単位でこれが起こったことなどなかった。クルーグマン自身も「こんな風変わりな現象は、ほとんど忘れ去られていた」と言っている。

しかし、もし本当に日本が「流動性の罠」に陥っているとしたら大変だ。ここでは従来型の金融政策など何の役にも立たない。ここでクルーグマンは3つの提案をする。**「構造改革」「財政拡大」、そして「従来型でない金融政策」**だ。

まず「構造改革」は、企業側の条件をいじくることだ。つまり規制緩和や法人税の減税、銀行の経営改善や会計のルールを変えたりすることだ。しかしこのやり方は、「日本の供給力だけ上げて、需要は放置」になってしまうため、問題の解決にならない。あくまで日本の問題の根っこにあるのは「総需要の落ち込み」というのが、彼の考えだから。つまり「みんなに金を使ってもらう」政策でないと、意味がない。

次に「財政拡大」。これはご存じ、公共事業をガンガンやって有効需要を増やすというもの。でもこれ、ご存じってことは、すでに日本でやり尽くしていてうまくいってないやり方ってことになる。ならこれもダメ。

そして最後の「従来型でない金融政策」だが、どうやらこれが有効そうだ。つまり「短期的な金融拡大」に効果がないなら、いっそのこと**「恒久的な金融拡大」**にしちゃえってことだ。日銀が「責任ある行動」の範囲内でやっても効果が出ないなら、みんなから信用できる形で「無責任になることを約束」しちゃえばいい。

これがアベノミクスの原形だ。アベノミクスの核は**「異次元の金融緩和」**だが、これは「インフレ目標は2%。そこに到達するまでは日銀が金融緩和を続け、またそれを市場にアナウンスし続けていく」というものだ。もろクルーグマンの提言通りでしょう。このように金を増やし続けていく政策を**「リフレーション（=リフレ。通貨再膨張政策）」**という。確かにここまでやれば、インフレ期待を作れ、人々の凍てついたデフレマインド（「消費・投資よりも貯蓄」という、不況期の後ろ向きな心理）を解かすことができる。そう、**アベノミクスは、クルーグマンの提言を理論的支柱にしていた**のだ。

しかし最近になって、急にクルーグマンが自説を曲げ、異次元緩和は失敗だったことを示唆し始めた。彼によると、日本の成長力は想定よりも低かったらしく、インフレを維持できるぐらいのもっと高いインフレ目標を設定し直し、それに向けて金融・財政がもっと頑張れと言っている。

今さらそんなこと言わないで〜！　まあでも、方向性は同じか。頼むから数年後に「根本から間違いでした」なんて言い出さないでください！

**ポイント**

**大事なのは「生産性・所得分配・失業」の3つだけ。でも世界恐慌でもないと国は本気にならない**

## 18『入門経済学』（1999）

ジョセフ・ユージン・スティグリッツ

**人間は良い商品を選びたいと思うほど、逆に悪い商品ばかりの市場を生み出してしまっている。その失敗の原因は「情報の非対称性」にあった！**

『入門経済学』藪下史郎訳（東洋経済新報社）

ジョセフ・ユージン・スティグリッツ（1943〜）アメリカの経済学者。エール大学教授、スタンフォード大学教授、コロンビア大学教授を歴任。クリントン政権の大統領経済諮問委員会委員を務める。2001年、ノーベル経済学書を受賞。

### 「見えざる手など、存在しない」

スティグリッツもクルーグマン同様、「ニュー・ケインジアン」と呼ばれる経済学者だ。彼は**「情報の非対称性」**の研究が評価されて、2001年ノーベル経済学賞を受賞した。

彼の有名な言葉は**「見えざる手など、存在しない」**。彼は自由な市場がすべてを解決してくれるという考え方を否定し、市場には適切な規制が必要だと主張する。常に市場と政府のバランスを重視し、学者であるだけでなく各国政府へのアドバイザーとしても活躍しており、日本でも人気の高い教授だ。

彼の研究した「情報の非対称性」とは、**取引する売り手と買い手の情報量の違いが、市場に様々な問題をもたらすこと**だ。彼はこの研究を通して、市場が万能ではないことを証明したのだ。

## 完全競争市場

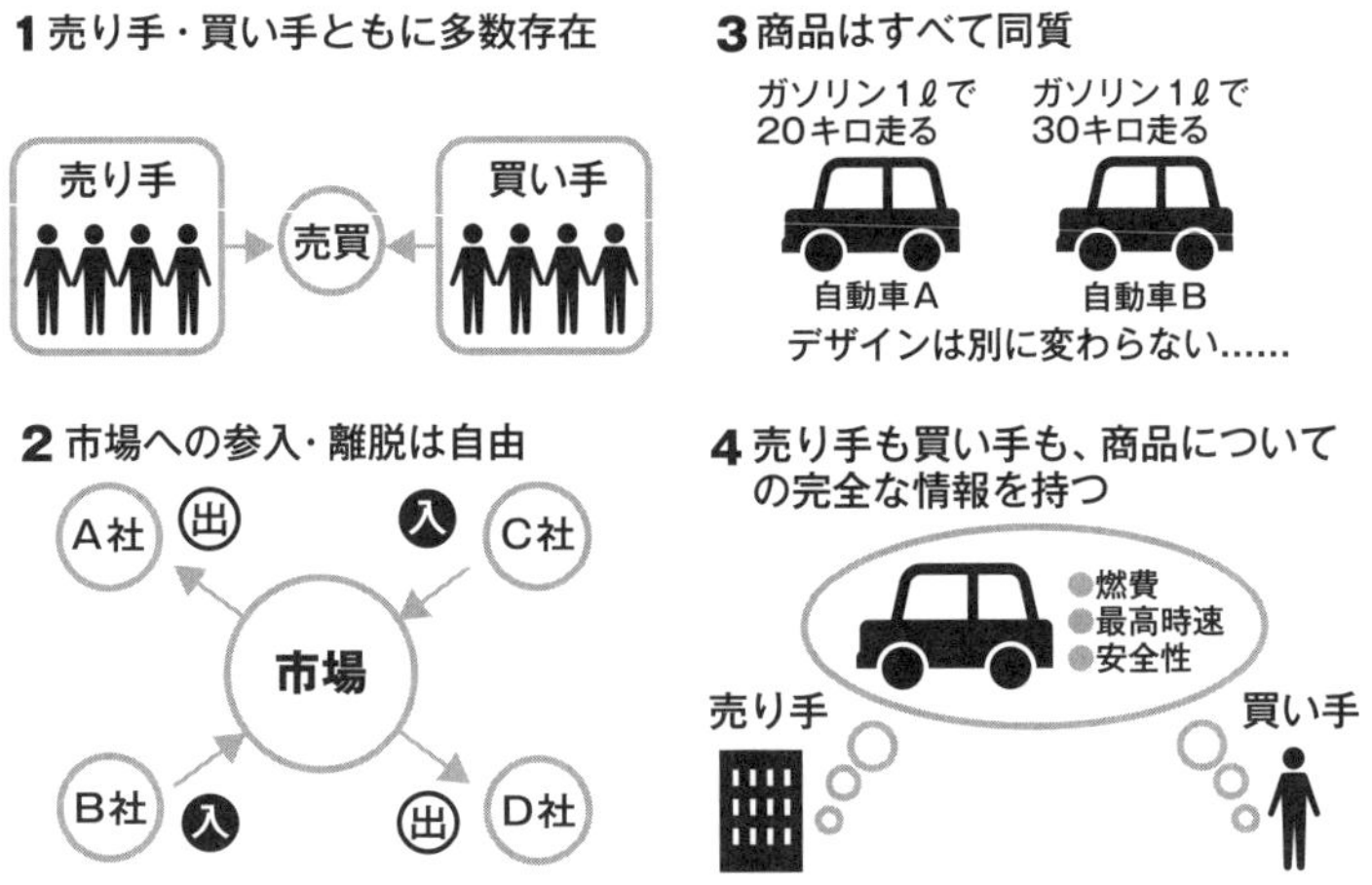


現代の経済学は、新古典派が示した**「完全競争市場」**をモデルに市場分析するのが基本だ。完全競争市場とは、次の4つの条件を満たした市場をいう。

1 売り手・買い手ともに、多数存在。
2 市場への参入・離脱は自由。
3 商品はすべて同質（財本来の機能とは別の部分〈たとえばデザイン性など〉で売り上げに差が出てしまうような製品差別化がない）
4 売り手も買い手も、商品についての完全な情報を持つ（互いの情報量に差がない）。

この中で、利潤極大化を目指す企業と、利己的で効用極大化を目指す消費者が、与えられた価格の中でそれぞれ合理的に判断して動けば、きわめて競争的な市場ができあがると考えるのである。

しかしスティグリッツは、**完全競争市場などあり得ない**と主張する。その一番の理由は、売り手と買い手の情報に非対称性があるからだ。情報の非対称性は市場を混乱させ、適切な資源配分ができなくなる。

たとえば**「逆選択」**がそうだ。逆選択とは**「良いものを選びたいのに、逆に市場に悪いものばかりが残ってしまうこと」**で、これは情報の非対称性からくる「市場の失敗」だ。たとえば中古車市場では、車のコンディションに関する情報は買い手にはなく、売り手だけが持っている。そうすると、買い手は欠陥車の可能性を考えて、結果、需要は安い車にばかり集中する。そうすると、コンディションの良い高めの中古車は市場から排除され、最終的に中古車市場には、安い粗悪車しか残らなくなる。

また中古車市場では、価格が下がれば下がるほど安全面での不安を与え、買い手がつかないこともあり、それも資源配分をおかしくする理由となる。

さらには、労働市場の逆選択。ある企業が、採用募集の求人広告を出すことになった。企業は「優秀な奴が応募してきたら、月給30万円払ってでも採りたい。でも無能な奴だったら、とりあえず月10万円で雇ってこき使おう」と考えているが、残念ながらどんな労働者が応募してくるかの情報など持っていない。だから仕方なく、広告にはちょうど中間の「月給20万円保証」と書くが、それだと優秀な奴は「こんな安いとこイヤだ」と敬遠し、逆に無能な奴は「え？　俺みたいなハンパ者に20万もくれるの!?」と喜ぶ。結局企業の意に反し、無能な奴ばかりがウジャウジャ集まることになるわけだ。

そして**情報の非対称性は、「モラルハザード」も引き起こす**。モラルハザードとは、モラルの低下が引き起こすトラブルで、たとえば自動車保険加入者が、加入に安心して注意力が散漫になった結果事故を起こしたり、保険金目当てで故意に事故を起こしたりして保険会社に損害を与えたりするようなトラブルがそれだ。保険会社は情報の非対称性のせいで、事故が偶然か故意か不注意か判別できない。

他にも保険会社に関して言えば、この業界での「逆選択」も有名だ。つまり「生命保険会社には、顧客の健康状態の情報がない→保険料を高めに設定→健康な人は敬遠→不健康な人ばかりが加入」という図式だ。

さらにスティグリッツは、情報の非対称性で、金融市場も分析した。

もしも金融市場が、新古典派の言う通りの完全競争市場なら、銀行の貸出金利は借り手の数に敏感に反応して上下する。つまり、借りたい人が多ければ多いほど金利は上がり、少なければ少ないほど金利は下がる。銀行にとってはお金が商品で、そのお金という商品の価格が金利なんだから、これは当然の話だ。

ところが実際には、**ある段階から、借り手の数と関係なく貸出金利が下がる**ことがある。しかも金利が下がったくせに、借り手の資金需要を十分満たさず、限られた資金量を借り手に割り当てる。これを**「信用割当」**という。

なぜこんなことが起こるのか？　スティグリッツはこの**信用割当の原因を、情報の非対称性と**

## 情報の非対称性で起きる逆選択

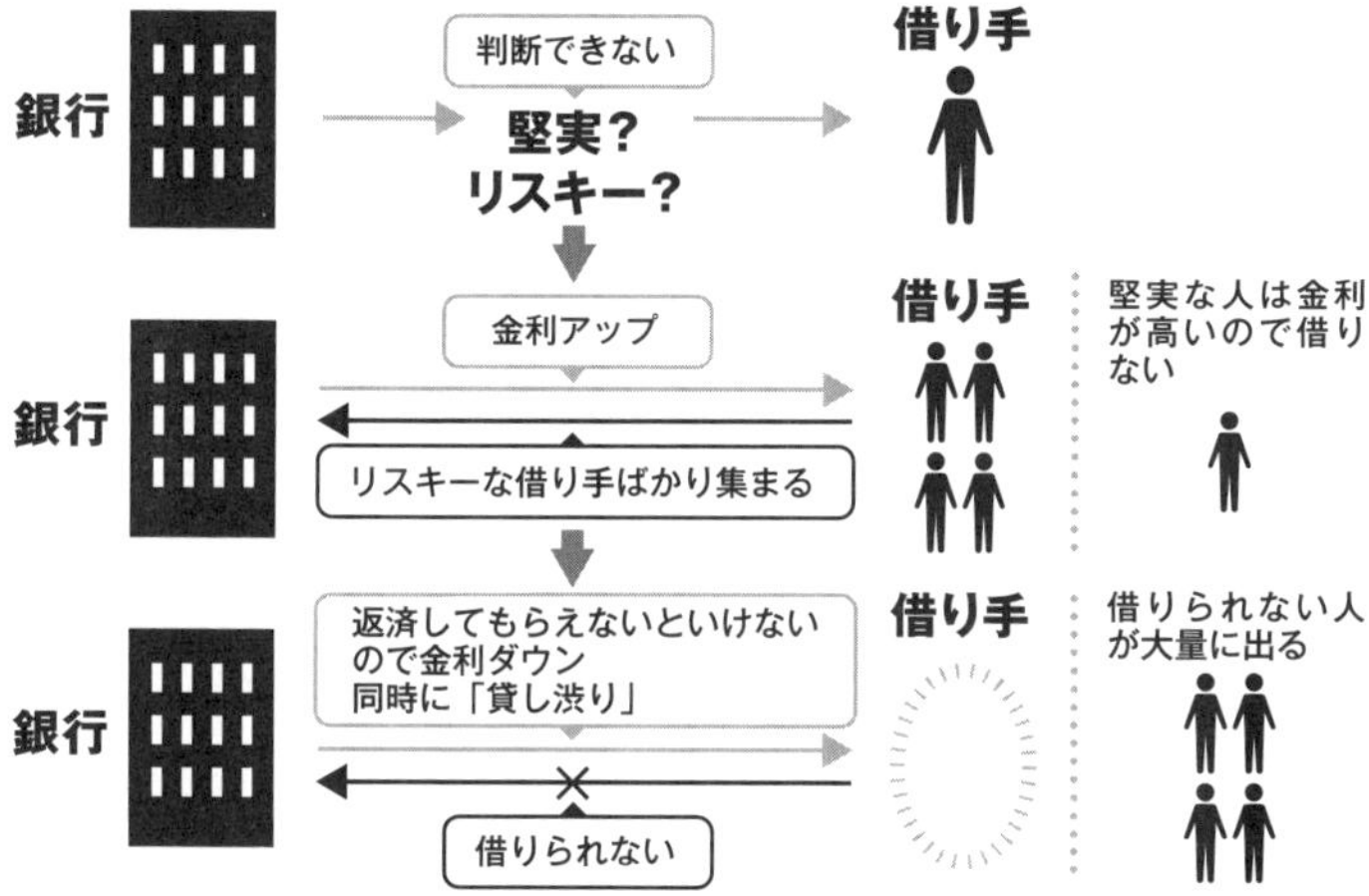
銀行
判断できない
堅実？
リスキー？
借り手
銀行
金利アップ
リスキーな借り手ばかり集まる
借り手
堅実な人は金利が高いので借りない
銀行
返済してもらえないといけないので金利ダウン
同時に「貸し渋り」
借りられない
借り手
借りられない人が大量に出る

**逆選択に求めた。**

つまり銀行側が、情報の非対称性のせいで、借り手を堅実な借り手かリスキーな借り手か判別できない時、借り手の数が増えるのに合わせて貸出金利を上げていけば、やがて借り手は「堅実な人が減り、リスキーな奴ばかりが集まる」ようになる。いわゆる「逆選択」だ。高金利で借りたら堅実なやり方では利益が出ないから、当然そうなる。

しかし、リスキーだろうが何だろうが、市場原理で考えれば、借り手の数が増えればさらに貸出金利は上がるはずだが、ここで銀行は「まてよ」と考える。「こんな一《いっ》攫《かく》千金狙いの山師みたいな奴らから高い金利なんか取ったら、こいつらさらに大穴狙いの危ないビジネスに走って、すっ転ぶに決まってる。そしたらうちは、高金利で儲かるどころか大損だ。仕方ない。こいつらに安全運転させるためにも、金利を下げるか」。

こうして、資金需要とは無関係に貸出金利は下がり、すべての需要を満たせないまま信用割当が行われる。金利と借り手の間に市場原理が働かない以上、そっから先は銀行の裁量の世界だ。借りられる人も十分には借りられず、借りられない人はたとえ「金利をもっと払う」と言っても貸してもらえない。いわゆる日本のバブル期名物「貸し渋り」だ。モラルハザードもからんできた。

こんなことがちょいちょい起こると、個人も企業も常に「必要な時に借りられないかも……」という不安を抱え、リスク回避的な行動を取るようになる。そうすると消費も投資も減少し、経済全体に悪影響が出てしまう。

「情報の非対称性」は、市場が万全ではないことを示すものだ。そう、市場は万全ではない。スティグリッツの言葉を借りるなら「見えざる手など存在しない」のだ。

そして、**情報の非対称性のせいで市場経済が健全に機能せず、今日の世界では格差が拡大している**。だから彼は、市場を万能視せず政府の適切な規制や介入を受け入れ、格差を解消するための努力をすべきだと強調するのだ。

## ミクロとマクロが学べるお得な1冊

さて、スティグリッツの書いた本だが、ここで紹介するのは『入門経済学』だ。

この本は、大学生などの教科書用に書かれた本だけど、メチャメチャわかりやすい！　僕も経済学の学び直し用に、かつて実際にこの本で勉強したが、とにかくよくわかる。今まであいまいだった箇所が理解できていく実感に、体から変な汗が出てきたほどだ。しかもこれ1冊で、ミクロ経済とマクロ経済が両方学べる作りになっている。

この本がなぜわかりやすいかというと、最大の理由は、軸がしっかりしているからだ。つまり**経済学とは「選択」の学問であり、その選択で重要なのが「①トレード・オフ（何かを得るには何かを犠牲にしなくてはならないこと）／②インセンティブ（意思決定や行動を変えさせる要因）／③交換／④情報／⑤分配」の5つの概念**。極端に言えば、すべてをそこに結びつけて説明する。このように、太い軸のある本は読みやすく、テーマがぶれないから理解しやすい。こういうやり方を「強引なこじつけだ」と嫌がる人もいるだろうが、少なくとも僕は、学生時代に経済学部で習った、あの軸がなく散漫な講義で、学生たちは自分が何をやっているのかよくわからないまま、とにかく教授に「試験に出す」と言われた箇所だけを書き写していた経済学よりも、全然身になった。

他にもこの本がわかりやすい理由として、説明が親切丁寧だというのもある。この人は、いきなり難しい言葉は使わず、必ず事前に説明する。数式の場合は、まず式を書いて、そのすぐ後に記号と式の意味の説明が入る。あと、いちいち具体例が多いのもいい。要するにスティグリッツは「教え上手」なのだ。

こういう教科書に出会うと、僕らは「この本さえ読破すれば、きっと経済学はわかる！」と信じられるようになる。そして信じられさえすれば、読破することができる。

皆さんも、僕と同じように、通常の読書の3～4倍の時間をかけ、グラフと式の意味も「絶対わかるはず。だってスティグリッツ先生だもん！」という気持ちでじっくり読んでいけば、おそらく1～2ヵ月で経済学の基礎がわかるはずだ。読み物としてのベストセラーも数多いスティグリッツだけど、この本は僕にとって別格。超オススメです。

ちなみに僕の予備校の講義も、スティグリッツの影響を受けている。僕は基本、「カタカナ語は使えば使うほどバカに見える」というトレード・オフの信奉者だが、このトレード・オフとインセンティブというカタカナ語だけは使い倒している。お恥ずかしい。

## 歪んでしまったグローバル経済の責任は先進国にある

スティグリッツは他にも、**グローバリゼーションが、特にアメリカの横暴によって、世界の人々の貧困を拡大させた**と主張している。

今日のグローバル経済は、貿易ルールが先進国主導で決められている上に、情報の非対称性もある。こんな状態でグローバルに自由競争など行ったら、途上国に不利に働き、南北格差が拡大することは明白だ。

そして、苦境にあえぐ途上国に対しIMF（国際通貨基金）が提言するのが「ワシントン・コンセンサス」だ。ワシントン・コンセンサスとは、**経済危機に陥った途上国に対し「貿易・投資の自由化／規制緩和と民営化／小さな政府／財政規律の回復（つまり緊縮財政）」を、危機救済と**

**引き換えに勧告する政策パッケージ**だ。

要は赤字国に対し「ムダ金を使わないよう〝小さな政府〟を強要する」形だが、ここまで新自由主義丸出しのパッケージを、途上国が喜ぶはずがない。だって不況時に柔軟な財政政策（国債を発行しての公共事業など）を禁止されたのでは景気回復への道は「自由貿易」しかないけど、グローバル経済の下でむき出しの自由貿易にさらされたら、強い先進国のえじきになるだけだ。

よく考えたらＩＭＦは、アメリカ主導色が強い。本部はワシントンＤＣにあるし、基軸通貨はドルだ。ということは「ワシントン・コンセンサス」は、アメリカの世界戦略なんだろうな。「市場がすべてを解決してくれるさ」は、強い国の発想だ。これで途上国がハッピーになれるとは思えない。実際１９９７年に発生した「アジア通貨危機」では、ＩＭＦが介入して無理な自由化を迫り、タイ経済は大混乱した。

だからスティグリッツは、ＩＭＦにも噛みついた。「ＩＭＦは市場原理主義者の集まりなのか⁉ こんなのどう考えてもおかしいだろ？　何で財政政策を封じ込める？　お前らトラブル解決機関だろ？　お前ら自身がトラブルメーカーになってるぞ。途上国はマネタリストの実験場じゃない！」（勝手に心の声を代弁しました）。

しかもグローバリズムは、世界経済の規模を拡大させることで、環境破壊も生み出している。格差社会と環境破壊、この２つに対応するため、**スティグリッツは「税の取り方」を戦略的にしようと提言する。**

たとえば炭素税。これが先進国で導入されれば、環境破壊が減るか、あるいは環境対策に回す予算が増える。

あるいは金融取引税。過熱するマネーゲームが途上国を食い物にしているのならば、金融取引そのものに税を課すことで、経済汚染を「賠償」させられる。

これら以外にもスティグリッツは、ストレートに「富裕層への増税」や「途上国への富の分配」も主張する。

つまり**スティグリッツは、グローバル経済そのものを否定しているのではない**。これからグローバル経済の中で頑張っていこうとする途上国に、無理やり「ワシントン・コンセンサス」のパッケージを押し売りしようとするIMFの〝アメリカ政府の代理機関〟的横暴さを批判しているのだ。

「ワシントン・コンセンサス」の押し売りは、経済の弱い途上国に、強国・アメリカとまったく同じ自由競争の環境を押しつけているのと同じだ。途上国を弱肉強食のカゴの中に追い込んで、アメリカが舌なめずりしながら「さあこれから自由競争をしよう。フェアだよ〜」と言っているのと同じだ。全然フェアじゃない。これは「公平さを装った植民地政策」だ。

少なくとも、20世紀後半に世界銀行が発表した「東アジアの奇跡」(日本・NIES・ASEANなどのめざましい経済成長)は、ワシントン・コンセンサスが求める「小さな政府」で実現したものではない。

スティグリッツの望みは、**歪んでしまったグローバル経済を正しい姿に戻す**ことだ。そのためにも、**それに伴う代償は、先進国に払わせるべき**だと、彼は考えている。

ポイント

貧富の格差やグローバル経済の格差は決して自由主義一辺倒では解決できない！

## 19『企業とは何か』（1946）

ピーター・ファーディナンド・ドラッカー

**大ベストセラー『もしドラ』で日本でもおなじみの〝経営の神様〟が、組織運営のノウハウである「マネジメント」の重要性を世に広めた名著**

『企業とは何か』上田惇生 訳（ダイヤモンド社）

ピーター・ファーディナンド・ドラッカー（1909〜2005）オーストリアの経営学者。ロンドンで銀行のエコノミストなどを務め、後にアメリカに渡る。ニューヨーク大学教授、クレアモント大学教授を歴任。

### 巨大企業GMへの批判から生まれた1冊

ドラッカーは、一時期日本でもブーム的に知られた経営思想家だ。彼の場合、経済学者というよりも**「企業とは?」「経営とは?」を訴えてきたジャーナリスト・マネジメントの専門家**としてよく知られている。オーストリア系ユダヤ人として生まれたドラッカーは、ナチスの台頭に危険を感じ、大学卒業後に渡英。ロンドンで証券アナリストとして働いた後、アメリカへ移住した。この頃から文筆活動を始め、『断絶の時代』を始めとするベストセラーを量産し、企業論・経営論の論客として不動の地位を築いた。

ナチスを嫌ってアメリカへ移住した彼が見たものは、巨大企業だった。彼はジャーナリストとして、まずGMから経営状況を内部分析するための取材を依頼されたが、GMの官僚主義的な経営方法を批判し、激怒された。しかし彼は、その経験をもとに『企業とは何か』を書き、**「マネジメント（＝組織運営のノウハウ）」の重要性を世に知らしめた。**それがＧＭのライバル・フォードから絶賛され、その後同書はフォード再建の教科書となり、彼はフォードのコンサルタントとなった。こうして彼は、「マネジメントの専門家」として、広く知られるようになったのだ。

しかし、ドラッカーが今も根強い人気を誇る理由は、それだけではない。社長心をくすぐるのがうまいのだ。実はこの人、企業の社長が好みそうな名言を、数多く残している。何というか「社長の名言集」みたいな人なのだ。

「決断の場面においては、トップは常に孤独である」

「他人の短所が目につきすぎる人は、経営者には向いていない。長所を見よ」

「対人関係のポイントは〝話し上手〟ではない。〝聞く力〟だ」

「変化はコントロールできない。できるのは、その先頭に立つことだ」

おお！　これは社長しびれるな。これでは創業者タイプの社長も、自身の経営理念などなく名言集をあさるのが大好きなタイプの薄い社長もイチコロだ。

他にもドラッカーは、**「企業の社会的責任」（ＣＳＲ）や「知的労働者」「民営化」などの新しい概念を次々と打ち出した人物**としても知られている。

ちなみに、２０１３年、日本では『もしドラ』（『もしも高校野球の女子マネージャーがドラッカーの『マネジメント』を読んだら』）が、累計２００万部の大ベストセラーとなった。女子高生との異色の組み合わせに、オタク心をくすぐる表紙で２００万部、うらやましい……。

## 20 『ナッシュは何を見たか―純粋数学とゲーム理論』（2001）

『ナッシュは何を見たか―純粋数学とゲーム理論』落合卓四郎（丸善出版）

ジョン・フォーブス・ナッシュ・ジュニア　H・W・クーン／S・ナサー編

**各人が他人と協力せずに、自分の利益だけを最大にすることのみ考えて行動しても、〝ちょうどよく〟妥協が起きるのはなぜ？**

ジョン・フォーブス・ナッシュ・ジュニア（1928～2015）アメリカの数学者。ゲーム理論を経済学へ応用した。統合失調症を患いながら研究を続け、1994年にノーベル経済学書賞を受賞。

### ゲーム理論で有名な「囚人のジレンマ」とは？

ナッシュは、ゲーム理論の中の「非協力ゲーム理論」で「ナッシュ均衡」を数学的に証明したことが高く評価され、ノーベル経済学賞を受賞した「数学者」だ。だからこの本も、経済書とは相当かけ離れた「数学の本」。ナッシュの学者仲間が彼の論文をまとめたものだ。

「非協力ゲーム理論」とは「囚人のジレンマ」みたいな形だ。つまり、2人組の犯罪者が捕まって別々に取り調べを受ける際、こう言われるのだ。「お前らが2人とも黙秘するなら、2人とも懲役1年だ。でももしお前だけが素直に吐けば、お前は無罪にするかわりにあいつは懲役10年。逆にあいつだけ吐いてお前が黙秘したら、今度はお前が懲役10年だ。さらに2人とも自白の時は、2人とも懲役2年な」。

ゲーム理論のプレーヤーは、相手を庇《かば》おうなどとは思わない。常に合理的に、自分の利益の最大化だけを、自分の得になる道だけを考える。「ここで最大の利益は懲役0年、最大の不利益は懲役10年だ。ということは〝あいつが黙秘・俺も黙秘〟ならお互い懲役1年、〝俺だけ自白〟なら0年だから、自白が得か。逆に〝あいつが自白・俺が黙秘〟なら10年、〝俺も自白〟なら3年。ならこれも、自白の方が得だ」——当然両者とも同じ結論にたどり着く。結局、無罪放免狙いのリスクを犯すよりも「2人とも自白して2人とも懲役3年」が、合理的判断で導いた両囚人の利益の最大化ということになる。このように、**自分の利益の最大化を目指して各々が非協力的に行動しても、それぞれが戦略的に満足できる状態に落ち着くことを「ナッシュ均衡」**という。

ナッシュの生涯は、波乱に満ちていた。彼は幼い頃から「変わり者の天才」だった。高校では全米で10人だけの奨学金を受け、数学の最高峰・プリンストン大学では「レベルが低い」と数学の授業をサボり、当時不人気科目だった「ゲーム理論」の研究に没頭し、何と22歳で「非協力ゲーム理論におけるナッシュ均衡」を証明した。しかし、31歳で統合失調症を発症する。当時MITの教授職にあったナッシュは、講義中に突然意味不明なことを口走ってクビになり、「共産主義者が私を狙っている！」と叫んで欧州に亡命したのを機に入院。闘病生活は、25年にも及んだ。

しかしその後、大幅に回復したナッシュは、1994年にノーベル経済学賞を受賞。彼の人生を映画化した『ビューティフル・マインド』は大ヒットし、2002年のアカデミー賞で最優秀作品賞に選ばれている。

## 21『波乱の時代』（2007）

### アラン・グリーンスパン

「ブラック・マンデー」など多くの経済危機を救った名FRB議長。しかし、リーマン・ショックを呼ぶ失敗で「マエストロ」の権威は失墜した

『波乱の時代』（日本経済新聞出版社）山岡洋一 他訳

アラン・グリーンスパン（1926〜）アメリカの経済学者。歴代政権でブレーンとして活躍、FRB（連邦準備制度理事会）議長を務める（在任 1987〜2006）。

### 異色のセントラルバンカーの経歴はジェットコースター

グリーンスパンは１９８７～２００６年の18年半、アメリカの中央銀行制度であるＦＲＢ（連邦準備制度理事会）議長を務めた人物だ。本書は彼の回顧録である。

ニューヨークでユダヤ系の母子家庭に育ち、数字と音楽が大好きだった彼は、高校卒業後は経済を学ぶために大学へ……ではなく、音楽家への道を目指していた。しかも進学先は、あの有名なジュリアード音楽院。彼はそこでピアノとクラリネットを学んだのち中退し、その後はジャズのビッグバンドに所属して、１年間全米各地を演奏旅行している。セントラルバンカー（中央銀行のトップ）としては、異色の経歴だ。

その後、経営と金融を学ぶためコロンビア大学へ進学するも、経済的に苦しくなり中退。シン

クタンクで経済金融の調査ノウハウを学んだ後、経済コンサルティング会社を設立。そこでの彼の的確な分析とわかりやすいアドバイスは評判を呼び、いつしか彼は「ひと講演数万ドル」を稼げる花形アナリストとなっていた。彼の名は政府にまで届き、フォード大統領時代には、大統領経済諮問委員会の議長（1974～1977）を務めている。その後、財務省やFRB顧問などを歴任し、ついにレーガン政権下の1987年、FRB議長に就任したのだ。

彼は就任早々、とてつもない試練に見舞われた。「ブラック・マンデー」だ。この史上最大の下げ幅を記録した株価、放置すれば世界恐慌以上の大惨事になる。

ここをグリーンスパンは、見事に切り抜けたのだ。彼は素早く**「意味のある流動性を供給（＝必要なだけ資金を供給）する」**と発表し、同時に大規模な金融緩和に踏み切った。迅速な対応、力強いメッセージ、的確な政策、すべてが完璧だった。彼は完全に市場の信頼を勝ち取り、翌日には株価は大きく上昇した。

その後、彼はメキシコ通貨危機（1994）、アジア通貨危機（1997）、同時多発テロ（2001）などを次々と乗り切り、「マエストロ（名指揮者）」と呼ばれるようになった。

しかし彼は、ITバブルの処理を誤ってバブルを弾けさせ（日本のバブルと似た「根拠なき熱狂」と警鐘を鳴らして金利を上げた）、その後は**「バブル＋同時多発テロ」後の不況対策ということで、金利を下げ続けた。そしてこれがアメリカの不動産バブルを誘発し、最終的にはリーマン・ショックで木っ端みじんに吹っ飛んだ。**彼は今までの称賛から一転、非難されることになる。名指揮者から一気に「戦犯扱い」かあ。長期政権はやはり流れを澱《よど》ませてしまうのかな。

# 22 『リスク・不確実性および利潤』（1921）

『リスク・不確実性および利潤』奥隅栄喜 訳（文雅堂書店）

フランク・ハインマン・ナイト

**実在しない理論の世界では商品の価格と原価が一致してしまい、「利潤」は生まれない。企業家は、現実の「真の不確実性」の中で利潤を生み出す**

不確実性とは何か？　ナイトはこれを2つに分け、**これから何が起こるのかを確率的に予測できるもの**（たとえばサイコロの次の出目〈組み合わせの確率〉や、乳幼児死亡率〈データに基づく確率〉など）**を「リスク」**、**それが予測できないものを「真の不確実性」**と呼んだ。

ここで完全競争市場（128ページ参照）について考えてみると、完全競争市場では、売り手・買い手はすべて合理的プレーヤーであり、各々完全な情報を持って、自己利益の最大化のため、常に合理的に行動する。

そうすると、理論的には国民所得・事業収益・個人の所得と効用は最大化され、生産と消費は均衡し、商品コストは生産要素サービスへの報酬に等しくなり、**「商品の価格と原価は一致」**する。

ということは、**その差額である「利潤」は、この流れからは発生しない**とナイトは考えるのだ。

なら企業家の利潤は、一体どこから生まれるのか？　企業家精神が「新しいものへの挑戦」だとすると、企業家は常に予測不可能な「真の不確実性」にさらされていることになる。でも彼らはそれに挑むからこそ、その勇敢さへの対価として、彼らは「利潤」を得るのである。

フランク・ハインマン・ナイト（1885〜1972）アメリカの経済学者。アイオワ大学教授、シカゴ大学教授を歴任。シカゴ学派の第一世代。

# 23『社会的選択と個人的評価』（1951）

『社会的選択と個人的評価』長名寛明 訳（勁草書房）

ケネス・ジョセフ・アロー

**個々人の「好み」は社会全体の「選択」に結びつかない。私たちが当然視している民主主義の意思決定は、まったく「民主的」ではなかった!?**

ケネス・ジョセフ・アロー（1921〜2017）アメリカの経済学者。スタンフォード大学教授、ハーバード大学教授を歴任。アメリカ経済学会会長を務める。1972年、ノーベル経済学賞を受賞。

「民主主義の意思決定には矛盾がある」——アローの「不可能性定理」は、これを論理的に証明した。アローによると、**3つ以上の選択肢がある時、個々人の選好（好みの順序）を総合しても社会全体の選好にはならない**。彼は、民主的な意思決定には、2つの公理（「選好の完備性」……すべての個人に好みの順位がある／「推移性」……a＞b、b＞cならば、a＞cになること）と、次の4条件すべてを満たすことが必要だと考える。

「何を選んでもかまわない」（定義域の非限定性）、「社会の全員による選好＝その社会の選好」（パレート原理）、「選択肢にないものは選ばない」（無関係な対象からの独立性）、「特定個人の選好≠社会全体の選好」（非独裁性）。だが残念ながら、これらを満たす社会的厚生関数（社会全体による集合的選択を数学的に表した関数）は存在しない。各個人の選好を示した表を集計しても、それを社会全体の選択結果に対応させる式やグラフは作れないのだ。

しかし現実には、世の中では様々な民主的な意思決定がなされている。ということは、どこかに「独裁者」がいるってことか。誰だ!?

## 24 『人的資本』(1964)

ゲーリー・スタンリー・ベッカー

『人的資本』佐野陽子 訳(東洋経済新報社)

**人間も「金を稼ぐ能力を持つ機械」なのか?**
**日本の終身雇用制度にはピッタリな考えでも**
**アメリカのすぐ転職する労働市場には不適合!?**

ゲーリー・スタンリー・ベッカー(1930～2014)アメリカの経済学者。コロンビア大学教授、シカゴ大学教授を歴任。アメリカ経済学会会長を務める。1992年、ノーベル経済学賞を受賞。

工場や機械などの資本の価値は、投資によって高めることができる。ならば**人間も「金を稼ぐ能力を持つ機械」と考えれば、投資によって労働市場での価値を高められる**のではないか?——そう考えたのがベッカーだ。

人間も資本ならば、教育訓練投資を受ければ受けるほど労働生産性は高まり、賃金も上がるはずだ。現に日本の終身雇用制では、社員研修という「教育訓練」が定期的に施されることで、社員のスキルは着実に上がり、結果として年功序列型賃金も可能になっている。この考え、日本人には当たり前の感覚だが、「転職が前提」のアメリカでは思いつかなかったんだろうな。

そう、彼らに社員研修なんて概念はない。なぜならアメリカで社員研修なんかやったら、スキルアップした直後にみんな転職し、企業は「他社の戦力を育成する」というマヌケな貢献をしたことになるからだ。しかしこのベッカー、ちょっと人間を打算や合理性だけで見すぎかも。彼にかかれば結婚も見返りをあてにした経済活動、子どもの習い事や塾も自らの退職後のための投資……違うだろ、愛だろ? 愛。

## 25『正義論』（1971）

『正義論』川本隆史 他訳（紀伊國屋書店）

**私たちが、それぞれの地位や能力、財産、出身などを全く意識することがなかったなら、平等で公正な社会を目指すことができる！**

ジョン・ボードリー・ロールズ

ジョン・ボードリー・ロールズ（1921〜2002）アメリカの哲学者。倫理学や政治哲学で大きな功績を残す。ハーバード大学教授。アメリカ哲学協会会長を務める。

格差社会で注目される本といえば、ロールズの『正義論』もそれだ。ただしこの人の場合は、「社会改良の提案」ではなく、もっと原初の**「そもそもどんな社会を作るべきか」**から語る。

ロールズの思想の軸は**「公正としての正義」**と呼ばれる正義だ。これは「各人が自由を目指す権利を公平に与えられている公平さ」としての正義であり、各人はその正義の範囲で、社会の最も恵まれない人々を救済するという側面も持つ。これが社会に備わっていれば、僕らは自由や権利や機会や所得などの「社会的基本財」の公平な配分ルールを作れ、平等で公平な社会を構築できる。

そのような社会作りを、ロールズは「社会契約説」的に考える。つまり原初の自然状態で不足する権利を、どんな社会作りで補うかという考え方だ。この自然状態が、ロールズでは**「無知のヴェール」**になる。つまり、**もし人間が「無知のヴェール」（自他の地位・能力・財産・出身などがまったくわからない状態）に覆われていたら、どんな社会を目指したいと思うだろうかと考える**のである。その結果が「公正としての正義」の実現した社会なのだ。

# 26『自動車の社会的費用』（1974）

宇沢弘文

**人間社会には、利益を受けている人たちが払わなくてはいけないコストがあるはずだ！ 自動車を例に公正な社会のあり方を説く**

『自動車の社会的費用』宇沢弘文（岩波文庫）

宇沢弘文（1928〜2014）日本の経済学者。シカゴ大教授、東京大学教授を歴任。1983年、文化功労者。1997年、文化勲章を受章。

社会的費用とは何か？――それは**社会に迷惑をかけた人が責任を果たさないせいで、仕方なく社会全体で尻拭いさせられるコスト**のことである。

この本は自動車の社会的費用について書いてあるが、確かにそれあるな相当！ 公害・騒音・事故……中には誘拐やひったくりやひき逃げや死亡事故もあるかもしれない。ここまで可能性があるのにその社会的費用をドライバーが払わないのは、かなりおかしい。

事故の場合は保険がきくが、これも算定基準がおかしい。被害額の計算には「ホフマン方式」が使われるが、これは「その人が死傷しなければ稼げたはずの所得」を被害額とする。でもそれだと、高齢者や子供のような働いてない人たちは、1円ももらえないことになる。

著者は受益者負担の原則に基づき、ドライバー本人が社会的費用を払うべきだと主張する。しかもその額は、何と車1台あたり200万円！ これは死亡事故などの「不可逆的な損失」が起こらないために、新たな道路の建設費も払わせたらこうなるという試算だ。社会的費用、軽く見てたら大変なことになるな。

第3章

# 経済学を考える上で欠かせない最重要テーマ

「資本主義」が分かる名著13冊

# 27『プロテスタンティズムの倫理と資本主義の精神』（1905）

マックス・ウェーバー

『プロテスタンティズムの倫理と資本主義の精神』大塚久雄 訳（岩波文庫）

**お金儲けは、いやしいことでは全くなく、神の期待に応えること！　今日の経済システムの基本「資本主義」は人々の信仰心から生まれた**

マックス・ウェーバー（1864～1920）ドイツの社会学者、経済学者。フライブルク大学教授、ハイデルベルク大学教授を歴任。

## 資本主義誕生のきっかけは「欲望」ではなかった

「ヨーロッパで資本主義が拡大したのは、キリスト教のおかげさ！」——もしもあなたが、こんなことを深夜の埼京線車内で突然大声で叫んだら、あなたの車両はたちまちガラガラになるだろう。だがこれは、仕事に疲れすぎた男の話ではない。マックス・ウェーバーだ。彼の著書『プロテスタンティズムの倫理と資本主義の精神』は、**キリスト教のプロテスタントが、ヨーロッパの資本主義の原動力となった事実を分析**しているのだ。

ヨーロッパのキリスト教は、長らくカトリックが支配してきた。しかし、長年にわたる支配は組織を腐敗させ、ついに16世紀、「宗教改革」が起こった。その時頑張ったのが、ルターやカルヴィンら「抵抗者（プロテスタント）」だ。彼らの努力のおかげでその後ヨーロッパはプロテスタントが主流となり、居場所のなくなったカトリックは、イエズス会などの海外布教で新天地を求めることになる。
「あ、なーるほど。抑圧的なカトリックの支配がなくなったから人々が自由になり、それが欲望むき出しの資本主義の原動力になったってことね」――あなたはそう思うかもしれないが、そうではない。実はプロテスタントが主流になってから、人々は信じ難いほど慎ましくストイックになり、欲望とは無縁の生活を始めたのだ。ところが彼らは、ある「使命感」にかられて自ら守銭奴となり、利潤を追求し続けた。つまり彼らは、**欲望とはまったく違った「信仰的動機」で、ただ黙々とカネを貯《た》め続けていった**のだ。

特にプロテスタントのうち、**資本主義の発展に大きく貢献したのは、カルヴィン主義**だ。カルヴィンはスイスのジュネーブを拠点に、神権政治を行った。神権政治とは、神を頂点に、その神の代理人が国を支配する統治形態だ。

カルヴィンがジュネーブで行ったそれは、信じ難いほど厳しかった。全市民の生活を厳格な道徳規範で拘束し、政治・法律・生活すべてを、聖書に隷属させた。市民は禁欲生活を強制され、飲酒・ギャンブル・姦淫《かんいん》などは厳しく罰せられた。しかも違反者には「逮捕→異端審問→火刑」というとんでもない恐怖政治。まるで現代でいうと、アフガニスタンのタリバン勢力や「イスラム国」だ。

しかしそんな厳しい生活にもかかわらず、市民はそれを心から受け入れ、その圧政を擁護した。しかもそれはジュネーブ市民に限った話ではなく、どこに住むカルヴィン主義者も、進んで禁欲的な生活に身を投じた。
なぜ人々は、こんな地獄のような生活を受け入れたのか？　そしてそこまで禁欲的な彼らが、なぜカネを稼ぐことに執着したのか？——それらは**カルヴィン主義者の倫理観**に負うところが大きい。

## 「カネを稼ぐこと」は道徳的⁉

ちょっとここで、ベンジャミン・フランクリンが語った生活信条を見てみよう。アメリカの政治家にして、雷が電気であることを証明した、あのフランクリンだ。典型的なピューリタン（英国教会を厳しく改革しようとしたカルヴィン主義者）の家庭出身だった彼は、自らの生活信条として、こんなことを語っている。

「時は金なり／信用は金なり／金は金を生み、その金はさらに多くの金を生む／信用を得た人の所に金は集まる／収入と支出は正確に記帳せよ／思慮深さと正直さは金を生む」

こ、これは……フランクリンといえば、雷の中、たこ揚げするクレージーなジャック・スパロウ風のコスプレ男ぐらいのイメージだったが、こんなに守銭奴だったのか。しかもなんてストイックなまでの守銭奴ぶり……これこそがカルヴィン主義者に共通して見られる「資本主義の精神」

## なぜカルヴィン主義者が働くのか？

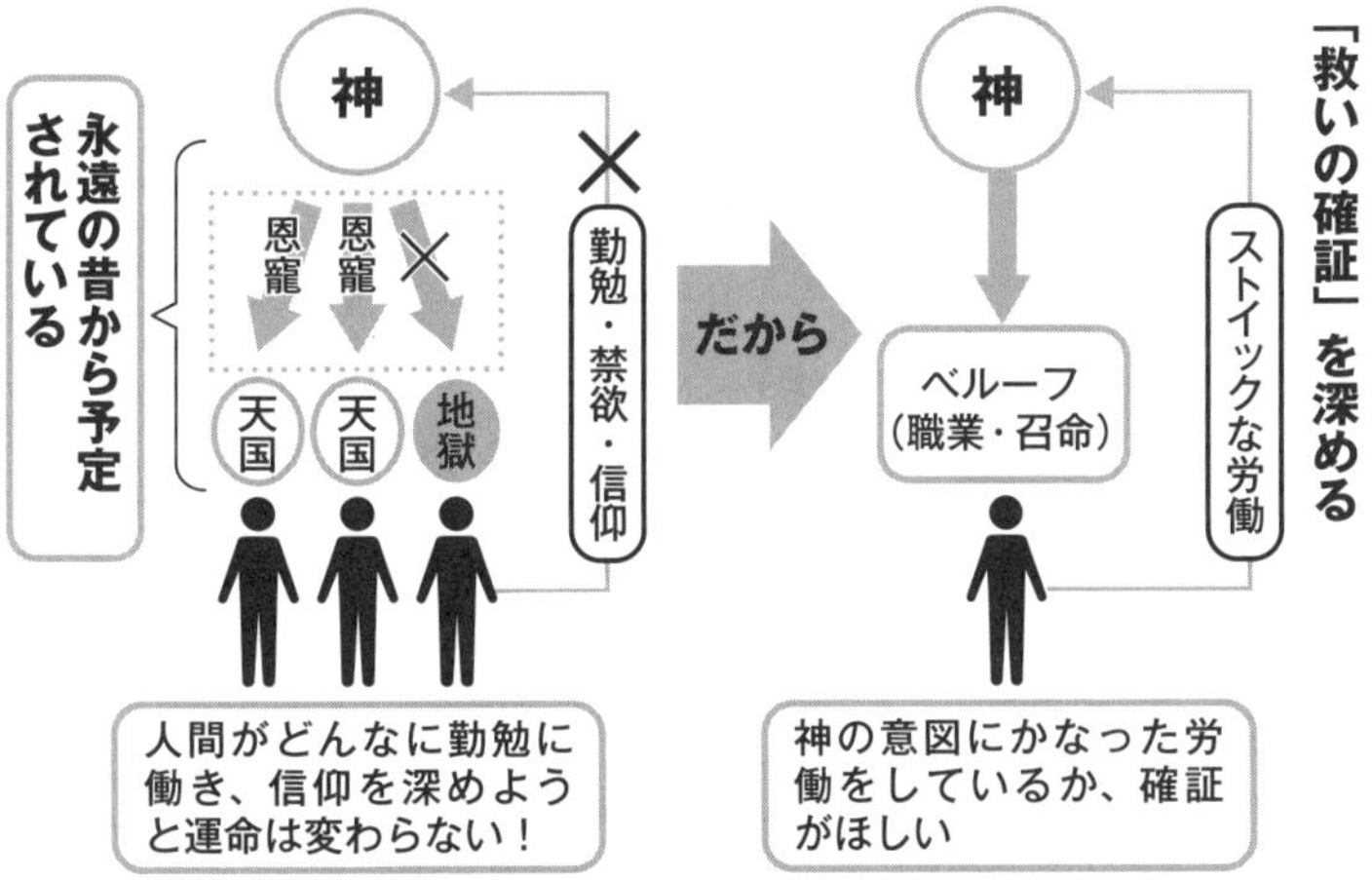
神
永遠の昔から予定されている
恩寵
恩寵
天国
天国
地獄
勤勉・禁欲・信仰
人間がどんなに勤勉に働き、信仰を深めようと運命は変わらない！
だから
神
ベルーフ（職業・召命）
ストイックな労働
「救いの確証」を深める
神の意図にかなった労働をしているか、確証がほしい

なのだ。

　この生活信条は彼にとっての道徳であり、この道徳の最高善は「カネを稼ぐこと」なのだ。しかも彼の道徳は、ここで終わり。つまり彼は「カネを稼いだ後の幸せな生活」までは求めず、**ただストイックに金を稼ぐことだけを、人生の目的そのものとしているのだ。この道徳こそが「資本主義の精神（エートス）」であって、資本主義にとってきわめて核心的な部分**なのである。

　カルヴィン主義者たちのこの精神は、伝統的な労働観を一変させた。つまり「生きるために働く」から「稼ぐために働く」へだ。彼らは成り上がり、厳しい生活に耐え、消費よりも利益を増やすことを望んだ。すべては新たな「精神」の賜物だ。

　では彼らは、なぜここまで金を稼ぐことに執着したのか？　それはカルヴィニズムにと

って、**稼いだ金の高こそが「救いの証し」**だったからだ。

彼らの守銭奴とも言うべき金への執着心は、その信仰と深く結びついている。彼らは「現世を享楽的に生きること」など求めてない。「来世の救い」を求めているのだ。**彼らは最後の審判の後天国へ行くために、日々禁欲的に労働し、金を稼ぐ。**

つまり彼らの労働は、宗教の教義としての労働なのだ。それは自己の利益を優先する幸福主義的な労働ではなく、不合理なまでの「職業労働への献身」だ。さらに言うなら、彼らは人間のために仕事があるとすら思ってない。「仕事のために人間が存在している」のだ。

では彼らにとって、仕事とは一体何なのか。

ドイツ語では職業のことを「ベルーフ」という。ただこのベルーフには「召命」という訳もある。召命とは「神から与えられた使命」を意味する。

それまで世俗的な「職業」の意味しか持たなかったベルーフに、宗教的なベルーフ（召命）をもたらしたのはルターだ。ルターはカルヴィンより先に宗教改革に着手した先駆者であり、人間が神から喜ばれる唯一の方法は、修道院での禁欲ではなく（これはルター的には「現世の義務から逃れようとする行為」）、生活上の義務を遂行することと考えた。

そこから**「人間の職業＝神に与えられた使命」**という考え方が生まれ、世俗の職業に道徳的な性格が与えられることとなったのだ。

しかしルターの改革は、職業労働に関してはここまでだった。ルターの職業観は「神を喜ばせるには、渋々働くしかない」という消極的なものにとどまり、あの守銭奴のごとき「資本主義の精神」にまで至る前のめりさはなかった。
そこまで至る積極的な職業観は、カルヴィン主義の中にあった。

**カルヴィニズムの軸にあるものは「予定説」**だ。ウェーバーはこれを**「恩寵《おんちょう》による選び」の思想**と呼んでいる。どんなものか見てみよう。

まず人間に、自力救済という選択肢はない。これは人類の大先輩・アダムとイヴのせいだ。彼らが神に背いて禁断の木の実を食べエデンの園を追放されてしまったせいで、人類には全員「原罪」が植え付けられてしまった。

そしてそのせいで、人間には自力救済、すなわち「現世に努力さえすれば、それが報われて、最後の審判のあと天国へ行ける」という選択肢はなくなったのだ。

ならば、もしも人類に救いがあるとするならば、神の「恩寵」という理由以外にあり得ない。そしてそれは、実は永遠の昔から、すでに予定されている。

「なんだよかった。じゃ結局神さまは俺たちのことを、最終的には助けてくださるのか」などと早合点してはいけない。神が予定しているのは、とても恐ろしいことだ。それは**「最終的に誰を天国へ連れて行き、誰を地獄に落とすか」という予定**なのだ。

この神の予定は、人間の努力では変えられない。つまり教会が、いかな聖なる礼典を施そうと、現世でどれだけ勤勉・禁欲的に働こうと、どれだけ神への信仰を深めようと、それで運命が変わることなどありえないのだ。これらがポイント稼ぎになるというのは、ただの人間の思い込み、自己満足だ。

つまりカルヴィン主義における神の恩寵は、人間への「愛に基づく恩寵」などではないのだ。カルヴィンの描く神はもっと超越的な神であり、キリスト教よりもユダヤ教に近い神なのだ。その神が、自分の栄光を高めるのに役立つ人間だけを選び取る。**カルヴィン主義では「人間のために神が存在」などしない。「神のために人間が存在」する**のだ。我々人間は、その神の決定に、ただブルブル震えながら従うしかないのだ。

「そんなバカな！　神に正義はないのか！」と叫びたくなる人もいるだろうが、そんなものに意味はない。偉大なる神は、人間の「正義」などというちっぽけなモノサシで、測ることはできないのだ。

では、誰が救われるのか？――その答えは、誰にもわからない。神は、人間のいかなる理解をも拒む超越的な存在であり、人間には計り知れない決断に基づいて、永遠の昔から各人の運命を決定しているのだから。

こんな教えを聞かされると、人は絶望的な孤独感・不安感に襲われる。誰も俺を助けてくれない！　教会も、牧師も、儀式も、そして神ですらも！　だからカルヴィン主義者は、宗教的な儀礼を徹底的に否定し、排他的・個人主義的な性格になってゆく（なぜなら教会の儀式は、救いにつながらないくせに、救いの効果を期待させる幻想ばかりかき立てるから。さらに人に頼ったところで、そこに救いはないから）。

## なぜ働くの？　カルヴィン主義者の答えは……

ではそんなカルヴィン主義者は、なぜ勤勉・禁欲的に働くのだろうか？　そこに救いなどないとわかっていながら。

まず神は、人間の社会的営みのすべてが、神の計画・目的に適っていることを望んでいる。人間の職業労働も当然、神の栄光を高めるために存在している。

そして神に計画・目的がある以上、「天職」として各人に命じられた職業労働も、合理的に遂行し、有益なものでないと、神に喜ばれない。

それをできたかどうかを測るモノサシは3つ。すなわち**「道徳性（神が望む働き方）・有用性（神の役に立つ働き方）・利益率（それらができた証し）」**だ。

**特に「利益」は大事**だ。従来のキリスト教は富を「誘惑の源泉。道徳的にいかがわしい」として否定してきたが、カルヴィン主義は違った。彼らはこう考えたのだ。「神の意図に適った労働をしているからこそ利益が生まれる。ならば、神のために働いて利益を得るのは、よいことであり神に命じられていることなのだ」。

ならば、勤勉・禁欲的に働いて利潤を得ることは、3つのモノサシすべてに適った職業労働への従事であり、**利潤が貯まれば貯まるほど「救いの確証」は深まる**ことになる。

人間はその利潤を、増やし続けなければならない。なぜなら人間は「神から委託された財産を管理する下僕」としての役割を、全うしなければならないからだ。

さらに言うなら、職業労働への没頭は「禁欲生活を実現する最も効果的な手段」でもあった。つまり富がもたらす「清浄ならざる生活」への誘惑（飲酒・姦淫・ギャンブル）から、我が身を守ってくれたのだ。

神は自分に役立つ人間しか救わない。そしてそれを測る手段が「職業労働への献身」であり、その成果としての「利益」なのだ。だから人間は、**ストイックに働いて利益を蓄積すればするほど、自分が救われる側の人間であることを確信**できる。救われる人間は、決して教会で修道生活を送る者の中からは生まれない。

このようにして、プロテスタントは経済的繁栄を手に入れたのだ。ウェーバーが生きた時代、ドイツの資本家、企業の所有者、近代的な企業のスタッフは、プロテスタント的な性格の強い人々が圧倒的多数を占めていた。対してカトリックの国で、際立った経済的繁栄を実現した国は皆無。その差は、誰の目にも明らかだった。

彼らの「戒律を守ってストイックに生きる排他的な姿勢」は、先にも触れたがユダヤ教を思わせる。それもそのはず。宗教改革の基本は「聖書中心主義」だが、彼らはそれを忠実に実践し、ユダヤ教徒の規範である『旧約聖書』までをも、自らの規範として生きたからだ（だから英のピューリタニズムは「イギリスのヘブライズム」などと呼ばれた）。だからカルヴィン主義とユダヤ教には「禁欲の果てにある選民」という共通項があるのだ。

「ただひたすら、神のために〝禁欲的に利益を求めよ〟」――こうして消費を抑圧し、ひたすら利潤を求めたことから、カルヴィン主義者の下には資本が形成された。質素な生活で積み上げられた資本。もはや貨幣を獲得することは、道徳的に〝やましくない〟。彼らの精神は、どんどんと資本主義を発展させていった。

しかしその後の資本主義では、初期のこうした禁欲はバラ色の「啓蒙」にとって代わられ、職業の義務という思想も、宗教的な名残として生活の中をさ迷う程度になっていく。**営利活動からも宗教的な色彩は抜け、かわりに「競争」の情熱と結びついた**。

資本主義は「宗教改革の産物」では決してない。しかし僕らは、信仰と職業倫理との結びつきが資本主義に与えた影響が計り知れないほど大きいことを忘れてもならないのだ。

**ポイント**

**資本主義が生まれたのはキリスト教プロテスタント派の道徳のおかげ**

## 28 『資本論』（1867）

『資本論』向坂逸郎 訳（岩波文庫）

カール・ハインリヒ・マルクス

**資本家の悪を糾弾し、人々を煽る〝革命の書〟のイメージは大違い！　マルクスが目指したのは、資本主義の科学的な徹底解明だった**

カール・ハインリヒ・マルクス（1818~1883）ドイツの経済学者、哲学者。科学的社会主義の生みの親。エンゲルスとともに共産主義者同盟を設立し、「共産党宣言」を起草した。

### マルクスは「社会主義」を語っていない!?

カール・マルクス——言わずと知れた**「社会主義思想の祖」**だ。

**資本主義が「自由」を目指すのに対し、社会主義が目指すものは「平等」**だ。この自由と平等、できることならどちらも手にしたいが、そうは問屋がおろさない。なぜなら**自由と平等は、完全に両立させることができない**からだ。

「そんなバカな!?　だって〝自由と平等の実現した社会を目指そう〟ってのは、よく政治家が口にする目標だぞ」

残念ながら、それは政治のスローガンだ。経済ではそうはいかない。なぜなら自由を目指せば、社会は競争社会となって「貧富の差」が拡大する。これは「不平等」だ。かといって平等を目指せば、今度は強い者の自由をある程度抑えつけなければならない。これでは強い者は「不自由」になる。結局両者を両立させることは不可能。だから政治家の言う「自由と平等」は、「皆さんの自由を守りつつ、不平等も〝できる限り〟なくしていきたいです」ぐらいを意味することが多いのだ。

**自由と平等は「同時に実現」ではなく、順を追って目指すもの**だ。まず人間は「自由」を目指し、市民革命で絶対王政を打倒して、念願の自由を勝ち取った。もう特権階級の搾取はない。これからは、ちゃんと頑張った者が豊かになれる――この「頑張れば儲かる」という意識は、人々の競争心を刺激した。社会はこの後、どんどん競争的になっていく。

しかし**自由な競争社会は、弱肉強食を誘発**する。人々はいつの間にか「勝ち組」と「負け組」に、くっきり分かれてしまっていた。

負け組はこう思う。「これが自由の成果ならば、自由なんかいらない。それよりも、平等で民主的な理想の社会がほしい！」――これが社会主義思想の発端だ。そして、**多数派となった負け組（労働者）が、ごくひと握りの勝ち組（資本家）を最終的に倒すのが「社会主義革命」で、革命後に実現する平等な社会が社会主義社会**だ。このような考え方の祖とされるのが、マルクスなのだ。

ただし厳密に言うと、マルクスは社会主義の祖ではなく**「科学的社会主義」の祖**だ。

実はマルクス以前にも、平等を説いた人たちはいた。サン・シモン、フーリエ、オーウェンらだ。彼らが説いたのは「空想的社会主義」、いわゆる「貧しい労働者がかわいそう。助けてあげたい」という〝上から目線〟の社会主義だが、それではダメだ。

上から与えられた社会主義など、上の気が変わった瞬間、存続できなくなる。そんな永続性のないエセ平等は、人々が本当に望んでいる平等じゃない。ならば自由と同様に、平等も自らの手で勝ち取らないと。そのためにはそこへ至る道筋も、金持ちの思いつきなんかじゃなく、ちゃんと理詰めで考えないと。

というわけで、理詰め理詰めで分析していけば、最後には必然的に平等な社会が生まれるというクールな思想が誕生した。これが科学的社会主義であり、その祖がマルクスというわけなのだ。

ただしマルクスは、この思想の祖とはいっても、「来るべき社会主義のビジョン」は示してない。なぜなら科学的社会主義の基本は「意識よりも存在」、つまり思考を科学的にするために、頭の中に浮かぶだけの観念的な要素は排除し、科学の基本である「物質・存在の分析」を重視したからだ。こういう物質重視の考え方を**「唯物論」**という。

マルクスは唯物論者だから、「未来予想図」など描かない。そういうものは観念的な要素だからだ。皆さんにも覚えておいてほしい。**マルクスは社会主義を語らない。**『**資本論**』**ではまったく語らず、その他の場でも社会主義を具体的に語ったりはしていない。彼が情熱を傾けたのは、ひたすら「打倒すべき〝資本主義社会の分析〟」なのだ。**

さらにマルクスは、社会の発展法則として、ヘーゲルの**「弁証法」**的手法を、批判的に採用した。弁証法とは**「矛盾（＝対立）こそが社会発展の原動力」**という考え方だ。

この弁証法と唯物論が結びついたものを**「弁証法的唯物論」**といい、唯物論的な歴史観を**「唯物史観」**という。ちなみに両者が結びつくと、こういう考え方が生まれる。

「物質・存在を作り出す作業といえば、人間の〝労働〟。労働に内在する矛盾といえば、資本家と労働者の間の〝階級対立〟。そして対立こそが社会発展の原動力ならば、資本家と労働者の階級対立のゴールである〝革命〟で、社会はよりよいものになる」

さあそれでは、マルクスの『資本論』の中身を見ていこう。

## 資本主義の仕組みを丸裸にする試み

『資本論』は、まず**「商品」の分析**から始まる。

これはかなり意表を突かれる。なぜなら『資本論』とは、当然資本家の悪を糾弾し、「みんな我に続け！」と人々をアジテートする〝革命の書〟だと思われがちだからだ。しかしさっき言ったことからも分かるように、**この本は科学的分析に基づき「資本主義の仕組みを丸裸にする」本**。ならば資本主義を支える二大階級・「資本家と労働者」を結ぶ接点である「商品」から分析するのは、しごく当然のことなのだ。

マルクスは、資本主義的生産様式の下では「商品こそが社会の富」であり、人間労働が具体化されたものと考えた。

そして、その**商品の価値は「必要労働時間」によって決まる**。必要労働時間とは、労働者が自分の商品である**労働力を「再生産するのに必要な時間」**のこと。つまり仕事の後、労働者が帰宅して、食事をしたり寝たりして体力を回復させる時間のことだ。仮に僕の必要労働時間が8時間

## 資本家による剰余価値の搾取

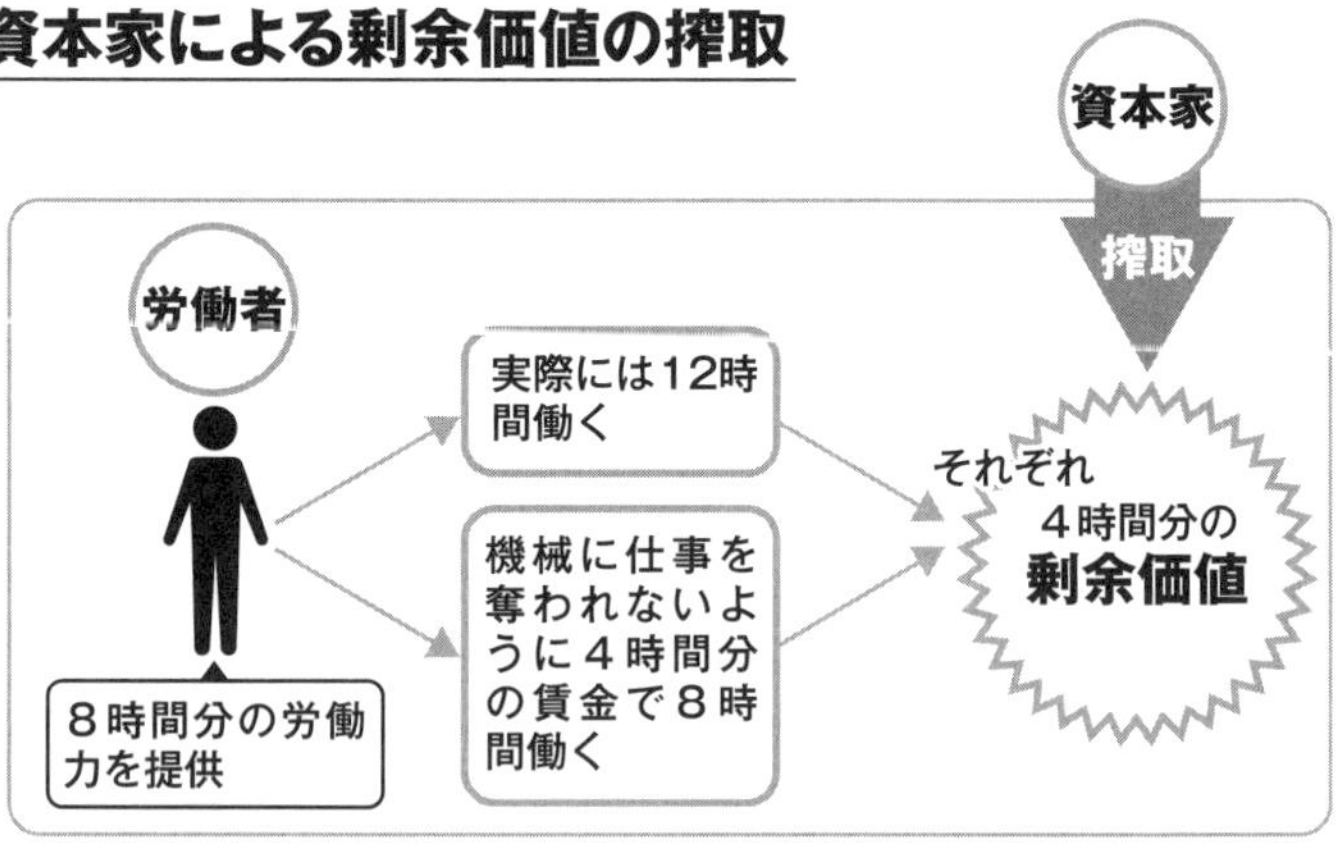
資本家
搾取
労働者
実際には12時間働く
機械に仕事を奪われないように4時間分の賃金で8時間働く
8時間分の労働力を提供
それぞれ
4時間分の
剰余価値

「資本家」と「労働者」の2つの階級の間で搾取が行われる

だとすると、僕の労働力の価値は「8時間労働分」ということになり、それが商品価格を決める際の基準になる。

ちなみに**マルクスは「労働」と「労働力」を区別しており、前者を〝行為〟、後者を〝能力〟ととらえて、後者の労働力こそが労働者の商品になりうるものと考えている。**

そして、労働力も資本主義社会の商品である以上、労働者はそれをより高く買ってくれる人に売る自由を持っているはず。もしそうだとすると、本来ならそこに奴隷的支配や搾取は起こらないはずだ。

なのに実際には搾取がある。これは一体どういうことか？

マルクスはここで**「剰余価値」**という考え方を示した。

現実の労働者は、必要労働時間以上に働いている。つまりたとえば労働力の価値が8時間労働分しかないのに、12時間働かされたりしているわけだ。ということは、この人は本来の労働力の対価より4時間分多く価値を創造していることになる。この**「必要労働時間より多く創造した価値」を「剰余価値」といい、これが資本家に搾取される部分となる。**

そしてその剰余価値は、機械化の進展とともに大きくなる。なぜなら機械化による生産性の高まりは「労働力の価値を下げる」からだ。つまりまず、多くの労働者が機械のせいで不要となり、クビになる（この流れで生まれる失業者を「産業予備軍」という）。そうすると残っている労働者たちも、自分が産業予備軍に転落したくなければ、さらなる低賃金や過剰労働を強いられても働かざるを得なくなる。結果、剰余価値の搾取幅がどんどん広がるということだ。言い換えれば、労働者の賃金は産業予備軍の数次第で決まってしまうということもできる。

結局、資本主義社会は本来なら特権階級を倒した「自由な契約社会」のはずなのに、**資本家と労働者という「新たな階級」の間で従来とは違った搾取が生まれ、労働者は苦しめられる**ということだ。

## どうして労働者が資本家に勝利するのか？

だがマルクスは、**資本主義は「大きな内部矛盾」を抱えているため、やがて崩壊する**と分析する。

マルクスは、資本家の資本を2つに分けた。1つは工場や機械などの固定資本で、もう1つは人間の労働力だ。前者を**「不変資本（c）」**、後者を**「可変資本（v）」**という。工場や機械は、人間の手が加わらない限り新たな価値を増殖しないから「不変」、労働力は不変資本に働きかけ、新たな価値を増殖できるから「可変」というわけだ。

**資本主義は、発展すればするほど、資本家の資本比率が「不変＞可変」になる。**つまり産業構造が高度化して、工場や機械がどんどん増えてゆくのだ。もちろん人間だって使うが、それ以上に資本に占める機械の比率が高まってゆく。これを「資本の有機的構成の高度化」という。

さてここで、資本家が搾取する剰余価値をｍとすると、次のような関係が成り立つ。

・資本家の搾取率＝ｍ／ｖ
・資本家の利潤率＝ｍ／ｃ＋ｖ

もしこの式の通りなら、資本の有機的構成の高度化が進むのはマズい。なぜなら工場や機械がどんどん増えるということは「ｃが大きくなる」ということであり、これでは利潤率の式の分母ばかりがどんどん大きくなってしまう。

つまり**資本主義は、発展すればするほど、資本家の利潤率が下がってしまうのだ。これを「利潤率低下の法則」**という。

この利潤率の低下を目の当たりにした資本家は、利潤獲得を焦り、あわてて資本蓄積に走って機械を増やす。そうするとますますｃがでかくなり、利潤率が下がる。悪循環だ。その間労働者たちは、ますますひどくなる資本家の搾取に怒り、階級闘争を激化させ、ついにその頂点で「革命」が起きる。革命は「ひと握りの資本家VS.怒れる多数の労働者」だから、言うなれば「1人VS.100万人のケンカ」。必然的に労働者が勝つ。そしてこの勝利により、ついには平等で民主的な理想の社会が誕生する……。

マルクスの理論は、特に後半かなり粗びきだから、本当にこうなるかどうかはわからない。『資本論』は、マルクスが生きているうちに出版されたのは1巻のみで、死後未完のまま2~3巻が出されている。おそらくマルクスとしては、もっともっと推敲を重ね、理論を煮詰めたかったんだと思う。

ただ、資本主義の今後に対する示唆としては、十分すぎるほど、僕らに強烈なメッセージを伝えてくれた。

実は今回僕が読んだのは、本物の『資本論』ではない。本当はチャレンジしたかったが、ガチ本の日本版は「1冊450ページ平均の全9巻」もあるので、時間がなくて断念した。

で、今回僕が読んだのは、**デヴィッド・ハーヴェイの『資本論入門』**。こちらもこちらで、「2分冊で合計1000ページ超」という大作だ。これは彼の大学での講義をもとに加筆修正された本だが、相当な力作で、彼の「マルクス主義を、もっと今の若者に、ちゃんと理解してほしい」という熱意が伝わってくる。

正直「入門」というには相当ハイレベルで、途中何度も挫けそうになったけど、著者独特の回りくどい表現に慣れれば、非常によくわかって面白かった。

著者も言っているが、社会主義への偏見を捨て、聞く耳持たずで論破しようとする態度を捨てて読めば、「今の時代だからこそ面白い」と思える内容を見つけられるはずだ。

**ポイント**

**革命を煽るのではなく、乗り越えるべき資本主義の徹底分析を行っている**

# 29『狂気とバブル』（1841）

## チャールズ・マッケイ

**ミシシッピ計画、南海泡沫事件、チューリップ・バブル。人類が経験してきた狂乱のバブル景気を紹介し、時に経済を崩壊させる群衆心理の危険を描く**

『狂気とバブル』塩野未佳 他訳（パンローリング）

チャールズ・マッケイ（1814〜1889）スコットランドの詩人、ジャーナリスト、作家。アメリカの南北戦争に際しては『タイムズ』紙の特派員として取材を行った。

### 〝歴史〟から何かを学ぶのはとても難しい

この本は全然「経済本」でも「名著」でもない。だが**「最も役立つ本」**であることは間違いない。

本書は様々な**「群集心理」**を描いた本だ。書いたのは、19世紀スコットランドのジャーナリスト、マッケイだ。21歳で新聞記者となったマッケイは、南北戦争時の『タイムズ』紙特派員としての仕事を最後に著述業に専念し、ついにこの問題作『狂気とバブル』（原題は『常軌を逸した集団妄想と群衆の狂気』）を著した。

本書では、「最初のバブル」と呼ばれるオランダのチューリップ・バブルを始めとして、魔女狩りに錬金術、十字軍の遠征に毒殺ブーム、詐欺にいかさま、ノストラダムスの大予言と、これでもかとばかりに人類が過去に群集心理で引き起こした愚行を取り上げている。どれも「民衆が何かに取り憑《つ》かれ、それが恐ろしい妄想に変わり、やがて社会全体が理性を失っていった」ものばかりだ。

しかも、1つ1つのエピソードがよく調べられていて、丁寧だ。そのうえ文が軽妙で臨場感にあふれており、はっきり言ってメチャメチャ面白い。

でも面白い半面、複雑な思いが胸を去来する。なぜなら僕がこの本を読んで感じたことは**「ああ、人間てバカだな」**ということと、**「バカだから歴史は繰り返すんだな」**ということだからだ。そう、僕らは過去から何も学んでいない。

この「過去から学んでない」ということについては、著者が本書の中で面白い引用をしている。「西欧は度重なるアジア侵略で疲れてしまったのだ、と繰り返し言われているが、人間は実際にやってないことで疲れるわけがない。疲れというのは個人的なもので、受け継がれる感覚ではない」。

まさにその通り。当たり前だが人間は、「自分がやってないことは学べない」。先人の愚行が子孫の遺伝子にすり込まれるわけではない以上、僕らは**過去の〝経験〟からは学べても、過去の〝歴史〟から学べるわけではない**のだ。

しかもさらに悪いことに、過去の自分の〝経験〟ですらすぐに忘れてしまうのが人間だ。これでは将来世代どころか現在世代までもが、またバブルが再来したら、あっさりその渦に巻き込まれてしまう。

本書はそんな人間の愚行を、「警告」としてではなく「面白い事件史」として描いている。でも僕には、どうしてもそれが警告に見えてしまう。おそらく日本の先輩方が１９８０年代に犯した愚行と、それを学べていない予感があるからだろう。

## 人類が経験した3つの「バブル」とは？

さて、バブルの話に入ろう。本書には**過去に人類が経験した3つの「バブル」**が掲載されている。**ミシシッピ計画に南海泡沫事件**、そして**チューリップ・バブル**だ。

**「ミシシッピ計画」**は、フランスで18世紀に起こったバブルだ。事件の主役はジョン・ローという スコットランド人。父の死後、莫大な遺産が入ったローは、ロンドンに出て賭場に入り浸る放《ほう》蕩《とう》生活を続けていた。しかし彼は女遊びがたたって決闘騒ぎを起こし、相手を射殺してしまう。彼は、ヨーロッパ大陸への逃亡を余儀なくされた。

ヨーロッパに渡ったローは、そこでも賭場に出入りしたため、各国で要注意人物としてマークされる。各国を転々とした彼は、ついにフランスの賭場で、運命の人物・オルレアン公爵と出会う。

弁舌巧みで社交性に富む彼は、公爵に気に入られた。そして公爵が、まだ7歳だった国王ルイ15世の摂政になった時、ローは公爵の財政アドバイザーに就任したのだ。

当時のフランスは、先王ルイ14世時代の浪費と腐敗で、国家財政が破綻寸前まで追い込まれていた。公爵は国を憂う人物ではあったが、仕事と自己犠牲を嫌う怠け者でもあった。そんな彼が、友人で才気あふれるローの持ち込んだ救済策に耳を傾けたのは、ある意味当然だった。ローは、これまで公爵が行ってきた財政政策（国民の持つ金貨や銀貨を、金銀の含有率を下げたものと交換して、浮いた金銀でさらに貨幣を発行して、財政再建にあてる）を批判し、公爵に紙幣の利点を説いた。

もともと**紙幣は、金銀との交換を保証する「預り証」として作られた**。つまり「銀行に金銀を預ける→代わりに紙幣を受け取る→それが貨幣として使える」というものだ。その**紙幣の利点は「金銀の保有量を超えて発行できる」**こと。つまり毎回「この紙幣を金銀に換えてくれ」なんて言いに来る人はほとんどいないのだから、**いざとなったら金銀の裏付けのない紙幣を発行すれば、お金を無限に増やせる**のだ。

もちろんこんなの、取り付け騒ぎが起こったら、一発でパーだ。だから銀行設立が許可された時、ローは「資金の裏付けがない紙幣を発行する銀行家は、死に値する」と見栄を切り、金貨銀貨との交換保証を約束した。それが信用されてフランスでは紙幣が流通し、財政は改善に向かった。ローの評価は一気に高まった。

これで信用を得たローが次に行ったのが**「ミシシッピ計画」**だ。これは当時フランスの植民地だったアメリカのルイジアナ（ルイ14世にちなんだ名）との独占貿易権を有する会社「ミシシッピ会社」を設立するという計画だ。

かの地には貴金属が豊富に眠っていると聞く。ならばその独占貿易権は、フランスにとって「金

## ミシシッピ計画

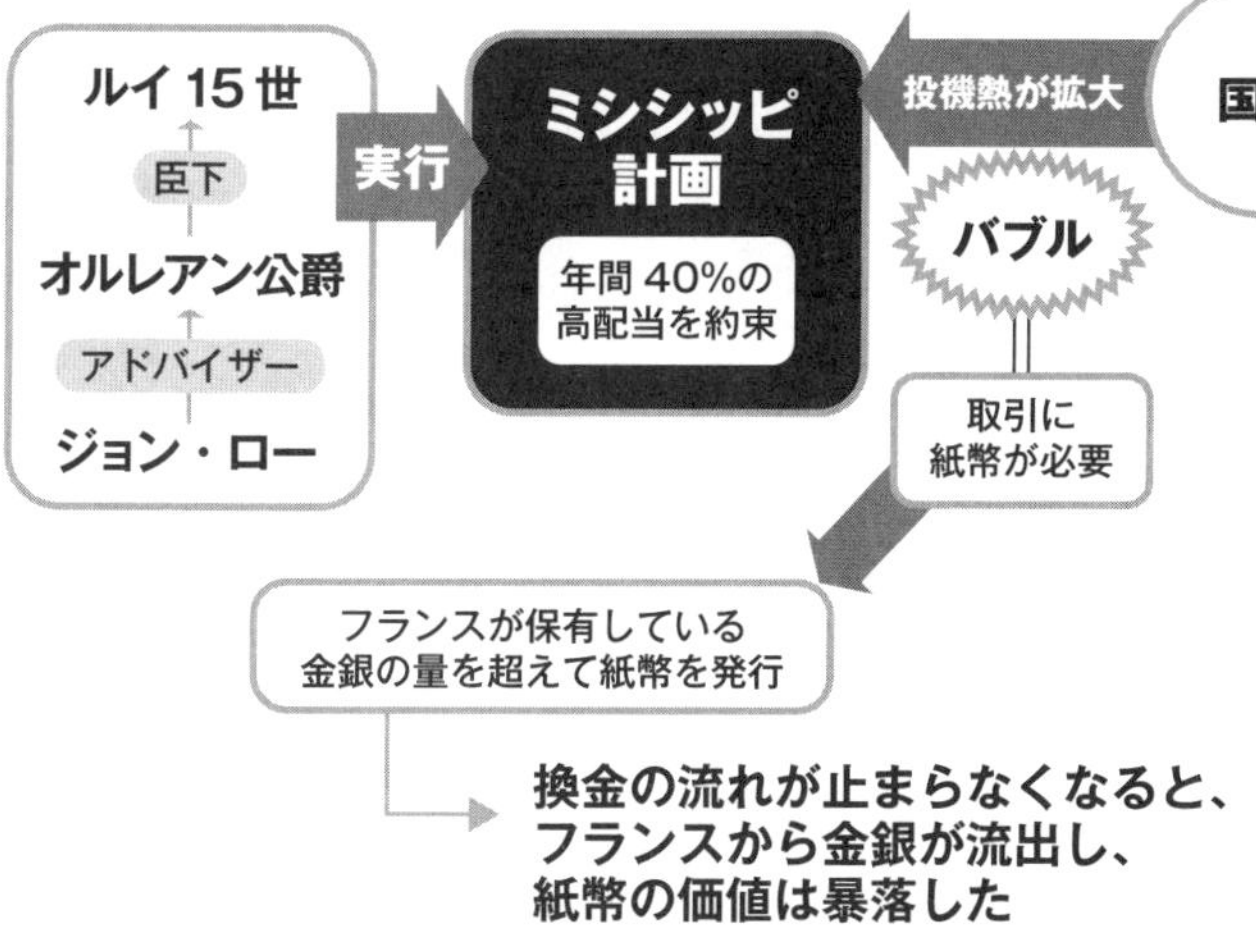
ルイ15世
臣下
オルレアン公爵
アドバイザー
ジョン・ロー
実行
ミシシッピ計画
年間40%の高配当を約束
投機熱が拡大
国民
バブル
取引に紙幣が必要
フランスが保有している金銀の量を超えて紙幣を発行
換金の流れが止まらなくなると、フランスから金銀が流出し、紙幣の価値は暴落した

のなる木」になる。それだけ有望な事業なら、株式会社にすれば資金も集まる。これなら国の財政に負担もかからないし、どうでしょう摂政……という計画だ。

紙幣の成功でローに絶大なる信頼を寄せていた摂政は、もちろん会社の設立特許状を交付した。こうして株式会社「ミシシッピ会社」は誕生し、**ここからフランスは、国全体を熱狂させた投機の渦に巻き込まれることになる**のだ。

今や摂政からも国民からも信頼されたローの事業計画に、国民は熱狂した。事業規模はどんどん拡大し、東インド会社も吸収し、それに合わせて増資（株式の新規発行）もされた。さらにローは、**年間40％の高配当**を約束した。信頼するローに、将来有望な事業に高配当、今や国中が株式投機に熱中し、国民は貴族も庶民も議員までもが、少ない発行株式を求めてローの自宅付近に群がり、紙幣を株に換えては喜んだ。

そして、株式売買がここまで活発になると、当然紙幣も必要になる。財政に無知なオルレアン公爵は、紙幣のおかげで経済がここまで良くなったんだから、それが増えればもっと良くなるだろうと浅はかに考え、**交換保証のない紙幣をどんどん増刷し続けた**。

しかし**このバブルも、人々の「不信」という強風が吹きつけるや、あっという間に崩れ落ちてしまう**。

きっかけは、ある貴族からだった。ローにミシシッピ会社の新株購入を断られた彼は、腹いせに巨額の紙幣を換金（つまり金銀と交換）した。そして、同じ理由で不満を抱く者が、それを真似し始めた。すると今度は、こういう動きに敏感な株式仲買人もこれらの状況を見て「もしやこれは……」と不穏に思い、紙幣を換金しては外国に送った。ついでに高価な食器類や宝石類も、同じく国外に避難させた。

こういう流れが起こりだすと、あとは早い。不信は不信を呼び、**フランスの金銀をはじめとする貴金属はどんどんとイングランドやオランダへ流出した**。そしてついに、フランスには紙幣を持とうという者は誰もいなくなってしまったのだ。

そして当然、**株価も急落した**。紙幣が信用を失えば取引も信用を失う上、事業計画そのものも信用を失った。どちらも出所がローだからだ。もはやかの地に巨万の富を夢見る者は誰もいなくなり、すべては水泡に帰してしまった。

ローは民衆に憎まれてフランスを去り、もとの賭博師に戻って、多額の借金を抱えて死んだ。

ローの墓碑銘には、こう刻まれている。

「高名なるスコットランド人、ここに眠る。
計算高さでは天下一品、訳の分からぬ法則で、フランスを病院へ送った」

ほぼ同じ時期にイギリスで起こった**「南海泡沫事件」**も、似たようなものだ。つまり、南米や太平洋諸島との独占貿易権を与えられた「南海会社」が、無尽蔵にあると噂されるメキシコやペルーの金銀で莫大な富をもたらすとの投機話に、イギリス国民が踊らされた話だ。しかも彼らは、ジョン・ローの「ミシシッピ計画」を知っていたのに、バブルに落ちた。これには彼らの、フランスへの対抗心も影響している。つまり「奴らと違って自分たちは賢いから大丈夫だ」という思いと、「フランスには負けたくない」という思いだ。

かくしてイギリス人も株式投機に熱中し、国内を楽観論が支配した。フランスと違う点があるとすれば、**南海会社が株価を吊り上げるための工作（楽観論や噂話の流布など）をした**点と、その根拠のない儲け話を具体化するふりをした**サギ会社（これらの会社を「泡沫会社〈バブル〉」という）が濫立した**ことだ。これらサギ会社も株式を発行し、カモが株を買った翌日には、会社ごと消えるということがしょっちゅうあった。

そしてこのバブルも、当然はじける。**株価の異常な急騰ぶりに不安を覚えた人々が利益確定の売りに出始めた頃、なんと南海会社の社長までもが、自社株を処分した**のだ。これで不安は一気に広がり、株価はどんどん下がり続けた。南海会社の経営は悪化し、社員の株価吊り上げ工作もばれた。共倒れを恐れたイングランド銀行は、一時は可決した救済案を反故《ほご》にし、ここに「南海バブル」は完全に破綻したのだ。

この後は、どこの国でもバブル後に見られる状況と同じだ。自らの愚かさを棚上げした国民が、無責任に被害者面して怒りを爆発させ、延々と犯人捜しを続けていく。もちろんそれで、泡と消えた金が返ってくるわけでもない。愚かしい話だ。

オランダの**「チューリップ・バブル」**は、国策会社発の事業計画でない点は上記2つとは違うが、愚かしさの点では同じだ。

16世紀の中頃にコンスタンチノープルから入ってきた、この珍しくも美しい外来種の植物に、オランダ人は熱狂した。アムステルダムの富裕層はコンスタンチノープルから直接球根を取り寄せては、法外な値段で購入した。やがてその熱狂は中産階級にまで広がり、人々は**自分がチューリップを買うのにどれだけの財をつぎ込んだのかを競い合う**ようになった。特に希少種は価値が高く、ある投機家はオランダにたった2個しかないという球根を、なんと12エーカー（約4・8ヘクタール）の土地と交換している。

他にも当時のオランダでは、証券取引所の近くに定期市ができたり、株式仲買人がチューリップを扱ったり、「チューリップ公証人」なる公職ができたり、球根を玉ネギと間違えて食べた外国の船乗りが投獄されたり、イギリスの植物学者が球根の皮をむいて投獄されたりと、信じ難いことが起こっていたのである。

しかしさすがにこの熱狂も冷める。あまりの急騰ぶりに分別ある人々は**「こんな愚行が続くはずがない」と気づき、売り始めた**のだ。たちまち市場はパニックとなり、損をする人が続出した。当然売買契約をめぐるトラブルも増えたが、裁判所は「賭博《とばく》で抱えた債務は債務ではない」として、介入を拒んだ。つまりチューリップ投機は、裁判所から「賭博」と見られるほど、投機熱は高まっていたのだ。

その後、バブルは沈静化したが、オランダ経済は深刻なダメージを受け、回復には長い年月を要した。オランダ人は今でもチューリップは好きだが、あの頃とは違った接し方で、花の美しさを愛《め》でている。

## 例外ではなかった日本のバブル

こうして見ると、日本のバブルもこれらとてとても似ていることがわかる。日本の場合は**金利の低下で世の中に金があふれた頃、ちょうど手頃な投機商品（NTT株や不動産）があったことで、バブルに火がついた**。

銀行が無尽蔵に融資してくれる金で、みんなが熱狂して株や土地を買えば、日本もオランダとは違った意味で「チューリップ大開放の確変状態」に突入する。NTT株はわずか2ヵ月で「1株119万円→317万円」まで上がり、日経平均株価は1985年の1万3000円台から、1989年末には3万8915円（過去最高）を記録、地価総額は1990年、何と「アメリカ3

個分」にあたる２４７０兆円にまで高騰した。

しかしバブルがはじけると、ＮＴＴ株は50万円弱（今日の１００株単位での販売価格）、日経平均株価が１万８０００円台、地価総額が８７０兆円と、見るも無残に下がってしまった。

結局僕らは、いかにご先祖様がバブルの業火で焼かれようと、**実際に我が身が焼かれない限り、本当に懲《こ》りたりしない**のだ。だから日本もバブルの業火に身を焼かれ、アメリカと中国も、日本に学ばず焼かれてゆく。チューリップ大開放の確変は、各々が破産するまで止まらない。

**ポイント**

**群衆心理はバブル景気を呼び、時に一国そして世界経済を崩壊させかねない**

## 30『アニマルスピリット』（2009）

ジョージ・アーサー・アカロフ／ロバート・ジェイムズ・シラー

『アニマルスピリット』山形浩生 訳（東洋経済新報社）

**「科学」としての合理的な説明を要求される
現代の経済学で見落とされがちな、
不合理に行動してしまう人間の「サガ」を鋭くえぐる**

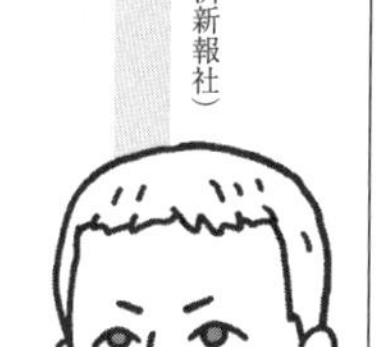

ジョージ・アーサー・アカロフ（1940〜）アメリカの経済学者。カリフォルニア大学バークレー校教授。2001年、ノーベル経済学賞受賞。

ロバート・ジェイムズ・シラー（1946〜）アメリカの経済学者。イェール大学教授。2013年、ノーベル経済学賞受賞。

### 経済は常に合理的に回っているとは限らない！

2008年のリーマン・ショックが「大恐慌の再現」となってしまったのは、経済学者と政府が、世界恐慌時にケインズが示唆したメッセージを忘れ、独善的になってしまったからだ。そのメッセージとは**「アニマルスピリット」**。アニマルスピリットとは、人間の心理にひそむ**「合理的でないすべてのもの」**のことだ。

経済学はいつの頃からか「科学」を目指し始めた。科学である以上、すべてに合理的な説明が求められる。となると、合理的に説明がつかない要素はすべて「ノイズ」だ。ノイズは排除しないといけない。そこで既存の経済学は、**こぞってケインズの『一般理論』の角を削り、あろうことかこのノイズを根絶やしにしてしまった。**そのせいで現代の標準的な経済理論は、洗練されてスマートにはなったが、肝心な部分の欠落した、非常に不完全な代物になってしまったのだ。

しかしアニマルスピリットは、ノイズなどという言葉で切り捨てていいほど微細なものではなく、人々の多くの行動を決定づける〝無視できない要素〟なのだ。

アダム・スミスが考えた市場には「合理的なプレーヤー」しか存在しない。彼らは経済的な動機だけで動き、常に合理的に行動する。だからこそ「見えざる手」は正しく機能し、経済は調和的に発展する。**しかし現実の市場には「不合理なプレーヤー」がうじゃうじゃいる。**彼らは損得勘定でも動くが、損得勘定以外でも動く。これではいかに神が見えざる手を差し伸べても、正しく導かれるわけがない。

親の役割は「幸せな家庭」を築くことだ。そのためには、子どものアニマルスピリットを暴走させないよう制限をつけねばならない。ところが今の政府は、いつの間にか自らの役割を「甘やかす両親」と勘違いし、何の規制もかけないまま子どものアニマルスピリットを大暴走させてしまった。その結果が今のウォール街だ。

アニマルスピリットに突き動かされたウォール街は、いつの間にか巨大なジェットコースターと化し、多くの客を乗せて上昇し続けていた。そこには、高さ制限や速度規制もなく、安全装置もない。そして客たちがジェットコースターに乗っていると気づいた時には、すでに猛スピードでの下降が始まっていた。

アダム・スミスは基本的には正しいが、**彼の理論では経済がなぜここまで「手のつけられないジェットコースター」になるのか説明できない。**なぜ人々が、住みもしない田舎の一軒家のために大枚はたいて熱狂するのか、説明できない。これらはすべて、経済理論の中心にアニマルスピリットを据《す》えて、初めて見えてくるものなのだ。

とはいえ僕の考えでは、アダム・スミスもおそらくは、人間にアニマルスピリット的なものがあることには気づいていたとは思う。でも彼は、「利益を求める欲望や利己心を持つ人間」という、当時としてはかなり生臭いプレーヤー像を設定することで、それが十分表現できたと思ってしまったんじゃないだろうか。

だが利己心や欲望は、あくまで人間の持つ「基本性能」だ。基本性能だけで動けば、確かに人間は基本に忠実な合理的プレーヤーになる。だが、本書から読み取れる**アニマルスピリットは、人間の「弱さ」だ。弱さは時にすさまじいエネルギーとなって、全体を巻き込む**。アダム・スミスはそこまで考えなかったか、あるいは人間の「弱さのパワー」を軽視してしまったんではないだろうか。

## アニマルスピリットの5つの側面とは?

それではそろそろ、そのアニマルスピリットの内容に触れていこう。それを見れば、確かに誰もがそれを考慮する必要性を感じるだろう。

アニマルスピリットには、5つの側面がある。その5つが経済的意思決定に、大きな影響を与える。

## アニマルスピリット

| | |
|---|---|
| 1 安心 | 社会に蔓延すると経済をイケイケにさせ、失われるとパニック状態に陥らせる |
| 2 公平さ | 欠如すると「安心」を崩してしまう危険性がある |
| 3 腐敗と背信 | インフレ、デフレ等の正しい認識ができなくなる |
| 4 貨幣錯覚 | 悪い動機を持つ経済行動で社会に悪影響をもたらす |
| 5 物語 | 国民全体が1つの物語を共有すると市場を動かす大きな力になる |

**【安心】**

これが**一番基本的なアニマルスピリット**だ。

ここでの安心は**「信頼できるものへの依存」**であり、これは必ずしも合理的行動とイコールではない。

人は、信頼できる人からのアドバイスには、多少の不合理があっても従おうとする。だがその人が信頼を失えば、たとえ正しいことを言っていても、誰も耳を貸さなくなる。

これを経済にあてはめると、**社会に「安心」が蔓延《まんえん》しているとき、人々は無根拠の万能感で合理的判断や疑念を抑え込み、経済をイケイケのジェットコースター状態にする**。しかし、いったん不安が蔓延すると、「安心」という支えを失った人々は合理的判断ができなくなり、まるでレミングの群れのように、パニックに向かって突き進む。

そして、「安心」の本質が〝依存〟であるならば、安心している時の人々の行動も理性的とは言えない。なぜなら「自分で考えて行動していない」からだ。みんな考えているつもりで考えてない。誰もが、周りも信じる無根拠の無敵神話にもたれかかっているだけだ。

**【公平さ】**

公平さは、人間の良心部分を形成する大きな要素だ。本書によると、**人々が「幸せになれる行動＝恥ずかしくない行動」**であり、人はそれを自分に課すだけでなく、他人にも求める。だから自分が公平でないと言われると侮辱されたと感じ、他人が公平でないと、腹を立てる。

既存の経済学ではこの公平さを軽視するが、本書ではこれをアニマルスピリットの1つとして重視する。なぜなら、人々が「公平さ＝幸せにつながるもの」と感じている以上、経済がこの公平さへの配慮に欠けると、人々は「不幸せの到来」を予感してしまう。

つまり**公平さの欠如は、「安心」という一番基本的なアニマルスピリットを崩してしまう危険性**を常にはらんでいるのだ。

**【腐敗と背信】**

腐敗と背信は、正常な経済を阻害する大きなアニマルスピリットだ。それが合法か違法かは問題ではない。**形式的には合法でも、悪い動機を持つ経済行動は、すべて背信**ととらえる。

資本主義は、うまく手綱をつけないと、たちまちこの腐敗と背信だらけになる。なぜなら資本主義の本質は「利潤追求」なのだから、**売られる商品は「人々が必要とするもの」ではなく「人々が必要だと〝思っているもの〟」**になる。つまり、みんなに「欲しい！」と思わせることができれば、薬も売るけどガマの油も平気で売るのが資本主義なのだ。これでは腐敗と背信はなくならない。

**リーマン・ショック**のきっかけとなった**「サブプライムローンの破綻」**は、まさに腐敗と背信の賜物だ。「低所得者に住宅ローンを組んでやる」なんて、誰が考えてもうまくいくはずがないのに、融資会社は「（当初だけ）低金利」をエサに、まず大量の低所得者を釣り、住宅ローンを組んでやった。そして、彼らの返済能力を信じていなかった融資会社は、組んだローン債権を小口分割し、他の金融商品と抱き合わせてパッケージ化した上で、証券化して売り出した。そして格付け会社に、そのクズパッケージへの高い格付けを出させた。ここまで念入りな腐敗と背信があれば、人々は「安心」してしまう。

結局**サブプライムローン証券は、リスクを切り刻み、抱き合わせてパッケージングし、そこにデリバティブで味付けを施した、得体の知れない「ヤミ鍋」みたいな商品**だったのだ。なのに格付け会社は、そこに高い格付けという「安心」を与えてしまった。

安心は、合理的な判断を麻痺《まひ》させる。人々はニコニコしながら高さ制限のないジェットコースターに乗り込み、大好きな高みめがけて煙のようにどんどんと昇っていったのだ。

**【貨幣錯覚】**

人は、長い年数経過などで物価が上がっていても、ついつい見た目の金額（貨幣の名目的価値）

で、その価値を判断しがちだ。

たとえばネット上で「週刊少年マガジン50周年記念」というページを見つけたとする。開けてみると、そこには王選手の表紙とともに「30円」という価格が。これを見た時、人は思わず「昔のマガジン、安！」と思ってしまう。つまり、**人はそんなにちゃんとインフレを認識できていないのだ**。これを「貨幣錯覚」という。

もし労働者が、賃金に対して貨幣錯覚を抱いていれば、彼らは物価が2倍にはね上がったインフレ時でも、「日当7千円→1万円にアップ」という求人広告を見れば「すげーくれる！」と錯覚して、わらわら集まってくるだろう。

逆に物価が半分に下がったデフレ時に日当が「1万円→8000円」になれば、「ひどい賃下げだ。これじゃ暮らせない」と錯覚し、離職者が増えるだろう。

このように**「物価が上がる（インフレ）時には失業率は下がり、物価が下がる（デフレ）時には失業率は上がる」**という関係をグラフに表したものを**「フィリップス曲線」**という。

フィリップス曲線は、**インフレと失業率の間にはトレード・オフ（二律背反）がある**ことを示している。つまり「あちら立てればこちらが立たず」の関係だ。そしてそれは「労働者は貨幣錯覚を抱いている」という前提に基づいている。

実はこの貨幣錯覚も、アニマルスピリットの1つだ。他のものと比べて地味に見えるが、これを政策上無視すると大変なことになる。失業率が上がってしまうのだ。

失業は深刻な社会問題だ。当然政府としては、失業率を上げるわけにはいかない。ということは、政府はある程度のインフレを容認してでも、失業率を下げる政策をとる必要がある。ところがこれに異を唱える経済学者が現れた。フリードマンだ。

1967年、当時アメリカ経済学会の会長だったフリードマンは、**「労働者には貨幣錯覚がない」という前提に基づき、インフレ率を低めに抑える政策を提唱した。**

彼によると、労働者は見た目の賃金などに振り回されず、ちゃんと実質賃金のことを考えている。なぜなら彼らはただシンプルに「その賃金で何が買えるか」だけを考えるからだ。ということは、彼らには貨幣錯覚がなく、実質賃金でものを考えていることになる。そうだとしたら、彼らの賃上げ要求は名目賃金ではなく、「実質賃金の引き上げ」を要求しているということになる。

だからフリードマンは、フィリップス曲線のトレード・オフなど存在しないと一蹴し、失業率を**「自然失業率」**（インフレ率とは無関係に、常に一定割合で存在する失業率）あたりに安定させつつ、インフレ率は低めに抑える政策を提唱したのだ。

だがこれは、労働者のインフレ嗅覚を過大評価しすぎだ。実は、**労働者にも貨幣錯覚はある。デフレの時だ。**

確かに労働者は、インフレ時には実質賃金の引き上げを求めてきた。しかしデフレ時にも同じように実質賃金の交渉（この場合は「賃下げ交渉」）をするかというと、それはしない。なぜなら、**労働者はいつでも賃下げは「不公平」だと感じる**からだ。本当はデフレ時には「賃金カットの方が公平」であるにもかかわらず。

このように、**労働者の賃金というものは下げにくい（＝下方硬直性がある）。そしてこれこそが、**

**労働者が貨幣錯覚を抱いている証拠なのだ。**

ならば、インフレと失業率のトレード・オフも存在する。これを無視してインフレを抑えようとするのは、経済政策としてはまずい。

**【物語】**

人生は「物語」である。**人は、自分の人生の物語を軸にしてものを考え、物語を核にして記憶を形成する。**

物語が、いかに記憶の核になっているかは、高齢者を見ればよく分かる。彼らは、日常生活に支障を来すほど言動があやふやなのにもかかわらず、自分の輝かしい過去の物語だけは、何度も何度も繰り返し語る。

この「物語」も、アニマルスピリットだ。物語は、人の思考と記憶を支配し、ランダム性に弱い。純粋にランダムな結果は、物語には収まらないからだ。

人生で起こる出来事は、そのすべてに意味があるとは限らない。まったく無意味なことだって起こる。でも「自分の物語」という色メガネをかけた思考には、そこで起こるすべての「無意味」が自分の物語色に見えてしまい、そこに意味を見いだそうとしてしまう。そうすると、とんでもない間違いを犯す可能性が出てくる。

そして厄介なことに、**物語は市場を動かす。国民全体が共有する物語は「安心」や「不安」の源となり、ウイルスのようにたちまち全国感染し、相場を動かす。**たとえば日本のバブル期には、国民は「土地や株はずっと上がり続ける」という物語を共有して安心し、その物語が書き換わったとたん不安が全国感染して、相場は底が抜けたように暴落した。

『アニマルスピリット』では、この5つの側面を説明したうえで、「なぜ不況は起こるか」「なぜ未来のための貯蓄はいい加減か」「なぜ黒人には特殊な貧困があるか」などの8つの質問に対し、すべてアニマルスピリットを軸に答えている。

本書を読めば、**いかに人間が弱く、いかに経済学者の描く最適行動など選択できるはずがない愚か者か**ということがよく分かる。

これからの経済学は、アニマルスピリットをバグ扱いして軽視してはいけない。著者は「アニマルスピリットを軸に据えろ！」とまで言うが、僕はさすがに、そこまでやるのはやり過ぎだとは思う。でも、経済学からアニマルスピリットを完全に排除してしまうのは、もっとやり過ぎだ。

これからの経済学者は「アニマルスピリットにも注目」し、せめて「予測できるエラー」というくらいの研究はしなければいけないと思う。

ポイント

**人間は不合理な行動をしがちであり、経済も純粋な理論だけでは説明が不可能**

## 31『21世紀の資本』（2013）

**これからの世界は格差が広がっていくのか？**
**新進気鋭の若きフランス人経済学者が分析する**
**「格差」と、目指すべき国際的な分配の枠組み**

トマ・ピケティ

『21世紀の資本』山形浩生 他訳（みすず書房）

トマ・ピケティ（1971～）フランスの経済学者。パリ経済学校教授。2013年、『21世紀の資本』が世界的ベストセラーになる。

### 貧富の格差は広がっているのか？

「終わった……」――本書を読み終え、僕は放心状態でぽそりと呟《つぶや》いた。

こんな書き方をすると、「ピケティの『21世紀の資本』は、終末思想なのか⁉ そこには来るべき暗黒の未来が予言されていて、蔭山はそれに絶望したのか⁉」と思われそうだが、そうではない。長いのだ。若き気鋭のフランス人経済学者が書いたこの本は、600ページ以上もある。しかも読みにくい。なぜならそこには、**過去300年分にもわたる世界各国の様々な統計データが、ところ狭しと並べられている**からなのだ。

確かに『21世紀の資本』は、すごい本だ。内容は斬新、切り口は鮮やか、そしてピケティは、適度に口が悪くてひねくれている。すべてが僕好みで、はっきり言ってメチャメチャ面白い。でもその「面白い」にたどり着くには、おびただしい「統計データの沼」を越えなければならない。それがおそろしく長いのだ。

統計データが延々と続く本は、地獄だ。いかに内容が斬新でも、どうしても展開が地味になる。特に本書は500ページ付近が一番面白いのだが、その辺に差しかかった頃には、誰もが意識がもうろうとしているはずだ。

僕は沼に足を取られ、何度も意識を失った。こんなの高校の授業以来だ。あの頃僕は睡魔と戦い、男らしく手にコンパスをぶっ刺した。しかしそんな努力もむなしく、僕は手から血を流しながら寝た。残念ながら僕の男気では、睡魔には勝てなかったのだ。そこで今回は同じ轍《てつ》を踏まぬよう、今度はコンパスではなく目の周りにメンソレータムを塗ってみた。しかしやはり結果は同じで、今度は目から涙を流しながら寝た。やはり僕の男気は、データの沼には勝てなかったのだ。

そんな僕を救ってくれたのは、うちの3匹の猫どもだ。デスク前で凍死寸前の僕を見つけた彼らは、「ご主人様の一大事！」とばかりに僕の膝や頭上に飛び乗り、一心不乱に僕の顔をもんだり、安定できる場所を探して丸まった。これら一連の蘇生術（？）のおかげで、目ヤニまみれの僕の骸《むくろ》は、何度も蘇ることができたのだ。

## 格差拡大の原因を表すたった1つの式

本書は**「富の分配の格差の原因と対策」**について書かれた本だ。

## ピケティの考える格差拡大の原因

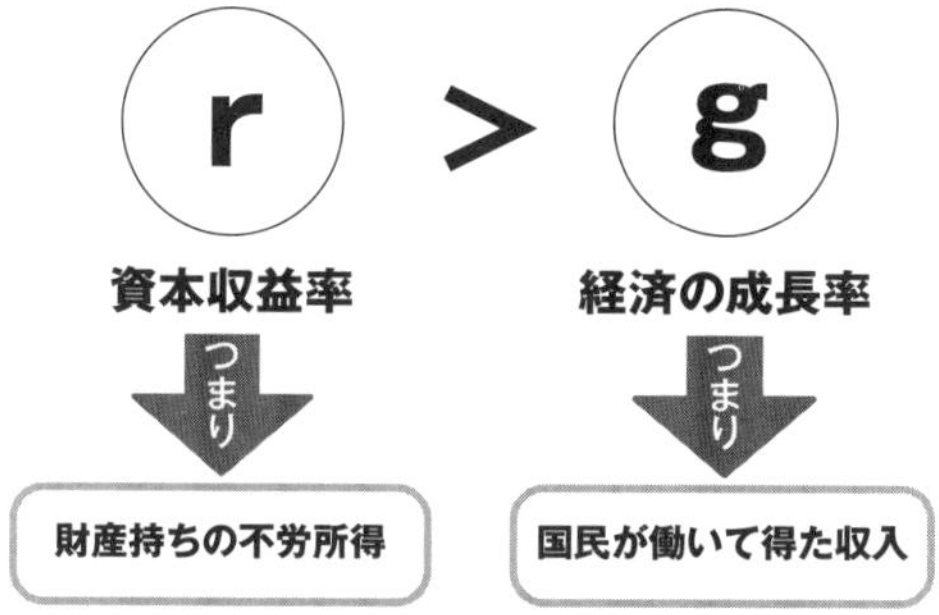


**経済成長率が下がれば下がるほど、
資産家と労働者の格差は拡大する**

とは言っても、スティグリッツの焼き直しではない。スティグリッツは「新自由主義的なグローバル経済のパッケージを途上国に押しつけたことが、今日の南北格差の原因だ」と怒っていたが、あれとは全然違う切り口だ。

ピケティは**格差拡大の原因を、1つの式で表している**。その式がこれだ。

**「r＞g」**

ピケティの思想は、すべてこの「r＞g」に集約させることができるのだ。

rとは**「資本収益率」**のことだ。資本とは「富」あるいは「財産」のことで、その中心は金融資本（預金や株式、国債など）と工業資本（工場や機械など）になる。そしてそこから得られる収益（＝資本所得）の率が資本収益率だから、つまり資本収益率とは「資本全体の価値に対する利潤・配当・利子・株の値上がり益・賃料などの割合」ということになる。つまり資本所得は「財産持ちの不労所得」と言い換えてもいいだろう。

これに対してgは**「経済の成長率」**、つまり「1国が1年間に生み出した国民所得の、前年比での増加率」だ。ちなみに国民所得は、今見た資本所得に労働所得（国民が働いて得た収入）を加えたものだ。

ということは「r＞g」は、大ざっぱに説明すれば**「財産持ちの不労所得の方が、国民が働いて得た収入よりもかなり大きい」**ということだ。もしこれが事実なら、**経済成長率が下がれば下がるほど、資産家と労働者の間の格差は拡大する**。そして21世紀は、世界的に経済成長が鈍化しつつある時代だ。

ピケティはこの「r＞g」を**「根本的な不等式」**と呼ぶ。つまり、不労所得が賃金を大きく上回ることは大前提、変えようのない事実なのだ。

これまで、多くの経済学者は、格差を「直観的」にとらえ、その「規模・水準」だけを問題にしてきた。つまりろくに統計データも調べず、「細かいことは知らないけど、こんな大きな格差があるなんてひどいぞ！」と声高に叫ぶだけだった。

しかしピケティは、格差をデータに基づき細かく分析し、その規模よりも「構造」、つまりその格差が「何から生まれた格差なのか」を、より重視する。そこで彼が注目したのが**「資本所得、あるいは相続財産からくる格差」**だ。

彼の考えを理解するために、まず**「資本／所得比率」**という言葉を説明しよう。

資本／所得比率とは、**「その国にある資本が、国民所得何年分にあたるか」**を示すものだ。**この**

**率が高いほど資本が多く、資本所得（財産持ちの不労所得）も多くなる。つまり格差が拡大するわけだ。**

そして資本／所得比率は、**貯蓄率が高いほど、または成長率が低いほど、高くなる**。これはまずい。なぜなら先ほども言ったように、経済成長は21世紀の今日、世界的に鈍化傾向にあるからだ。そしてこの成長率の鈍化傾向は止まらない。なぜなら**経済成長率というのは、そもそも「低いのが基本」**だからだ。

「そんなバカな！　じゃ日欧の戦後の高度成長は何だったというんだ？　それから中国などの新興国が現在急成長中なのは、どう説明する？」

気持ちは分かるが、それらは恒常的な現象ではなく**「キャッチアップ」**と呼ばれる現象だ。キャッチアップとは「追いつき・接近現象」のことで、何らかの理由で技術の遅れていた国が新技術導入で急成長する、一時的な現象だ。つまり、日欧は戦後復興の必要な国々、中国は途上国だったから、キャッチアップの余地は十分あったというだけの話だ。そしてそれが実現すると、世界経済は**収斂**《しゅうれん》し（＝差が縮まり）、それ以上の高度成長はなくなる。画期的なイノベーションでも頻繁に起こらない限り、国民所得がぐんぐん伸びることはないからだ。結局経済成長率は、低いのが基本ということになる。

ちなみにピケティによると、日欧急成長の時期、英米は「キャッチアップによる収斂」を理解していなかったため、他国の成長に脅威を感じ、これがサッチャーとレーガンの「保守派革命」につながったと考えている。

つまり両者は、日欧に比べて英米の成長率が低いのを「福祉国家路線」のせいにし、アングロサクソンの実業家に活を入れるためにも、19世紀的な「小さな政府」に逆行することこそが必要だと考えて、減税・規制緩和・民営化などを実行したということだ。

そのせいで、1980年代からアメリカでは所得税率が大幅に下がり、高額所得を得るインセンティブができたため、「年収数十億円」などという、ふざけた**「スーパー経営者」**たちが現れた。ピケティは彼らも新たな格差要因と考えてはいるが、これは効果的な退治方法があるため、さほど問題視していない。つまり以前のように、没収的な最高税率を課せばよいだけだ。ちなみにピケティによると、先進国で最適な最高所得税率は、なんと「80%以上」！　なるほど、確かに所得税の累進税率が最高80%になれば、数十億円の所得はほとんど「国に奉仕してるだけ」になるから、かえって悔しいだけだな。

「成長率は低いのが基本」に話を戻すと、ピケティは、あの画期的だった20世紀末～21世紀初頭の「IT革命」ですら、あまり高い成長要因にはならなかったと考えている。最近の情報技術は、生産様式をあまり乱さずに普及したからだ。これでは経済全体の生産性向上には、あまり貢献しない。さらに戦後日本のめざましい高度成長も、彼にとっては「奇跡」ではなく「収斂からくる機械的な発展」にすぎない（悲しい）。「あの頃の日本を思い出して頑張るぞー！」なんて気張っても、どだい無理な話なのか……。

そして**経済が低成長だと、過去から存在している資本の価値は高いまま**となる。新しい産出が少ない上、インフレもないからだ。ということは、財産持ちは財産そのものの価値が高い上、不労所得も多いのか。これでは格差はなくならない。

しかもその上、今日は**「人口が減少モード」に入った。これもまずい**。「いやいや、世界人口はまだまだ増加中でしょ」という人もいるだろうが、増加中なのは主にアフリカとアジアの一部で、そこでも「増加率」は下がっている。しかも先進国では、停滞もしくは減少だ。これがとてもまずいのだ。

なぜなら人口が減ると、まず**「国としての生産力が下がる（＝国民所得が減る）」**。これだけでも「r＞g」が、よりひどくなる。

しかもその上、先進国の人口が減り、どの家庭も子どもの数が1人とか2人になってしまうと、資本を遺産として受け取る相続人の数が減る。これでは「資本の集中」は終わらない。

集中した資本では**「規模の経済」**（資本量の増大に伴い、収益率が向上すること）が働き、少ない資本の人よりも効率よく資本所得を増大させる。しかも**資本収益は「累積成長」する**ため、短期的には大したことない収益でも、長期で見れば大きな収益に育ってしまう。ピケティの説明を借りれば、「年率数％の収益を数十年にわたり複利で続けると、自動的に当初の資本のきわめて大規模な増加になる」のだ。

## ピケティの解決策はグローバルな課税制度

ここまで資本所得の弊害が出てくると、やらなきゃいけない政策もおのずと見えてくる。

ピケティが提案するのは、**恒久的に課税する「世界的な累進資本税の創設」**だ。

21世紀の今日、格差拡大の条件はそろい、経済危機や低成長、人口の減少傾向などで、各国の財政は疲弊している。ピケティはこれらを解決するためにも、世界的な累進資本税の創設が理想的だと考えている。

現在ヨーロッパの国々は、巨大な公的債務を抱えている。その金額は「債務危機」と言えるレベルで、まともに返せば数十年はかかる。財政を賄うための方法は「税金と負債」の2種類があるが、どう考えても税金の方が望ましい。借金は無条件に不健全だし、国債発行は国債を買った金持ちの資本所得をさらに増やし、ますます格差は拡大するからだ。ならば**金持ちから借りるより、「金持ちに課税する」方が健全**だ。

ならばやはり、恒久的な累進資本税だ。つまり**不労所得をむさぼる財産持ちから、その財産の高に応じて、毎年毎年徴税する**のだ。これで資本収益率が下がって格差は縮小し、国庫は潤う。これにインフレ目標を効果的に組み入れれば債務負担はさらに軽減し、現在想定されているよりずっと早く債務危機から脱出できる。

この場合、「所得税の累進税率を上げる」という手もあるが、アメリカの「スーパー経営者」への課税を除き、21世紀的な課題に対処するには、累進資本税の方が望ましい。**21世紀は、資本による格差が拡大しつつある時代**だ。累進所得税というのはむしろ、資本格差よりも所得格差が問題になった20世紀のためのものだ。

そもそもピケティは、格差そのものを否定しているわけではなく、**「正当な格差」は容認**している。平等な民主主義社会にも格差はあっていいが、その格差は偶然の条件から生まれるものではなく、合理的かつ普遍的な原理によって生じるものでないといけない。つまり**世襲の財産から生まれた格差は民主主義的にはダメで、「各人の努力の結果生まれた格差ならＯＫ」**という考え方だ。

しかもその**累進資本税は、世界的なものでなければならない**。なぜなら今日の金融資本は、思いっきりグローバル化しているからだ。せっかく自国で規制しても、それが他国で運用されたのでは話にならない。

ただしそれには、きわめて高水準の国際金融の透明性と組み合わせなければならない。もちろんそれには「タックス・ヘイブン（租税回避地）」の規制と透明化も含まれる。これは相当難しい。ピケティ自身も「空想的な発想」と言っている。現状ではその実現には相当な困難が予想されるが、少なくとも取り組むことで、世界の資本主義は確実に民主主義に一歩近づくことができる。

ピケティは民主主義の可能性を信じている。**暴走した資本主義をコントロールできるものは、民主主義だけ**だという信念を持っている。彼のことを「理想主義者だ」「現実味がない」と批判する人も多いが、資本主義の御用学者化した経済学者の多い中、彼みたいな反逆者は、とても好感が持てる。

最後に、この本を読みながら書いた僕の「読書メモ」です。ご参考までに。

・歴史を短いスパンで見るな（とにかく長期的に）。

・展開は地味、内容は斬新。
・とにかくデータと分析が多い。最後に必ず「まとめよう」と言ってくれるのが救い。
・章内の「中見出し」で、全体像が大体分かる。
・バルザックの『ゴリオ爺さん』が読みたくなる。
・上位グループの細かい分類が面白い。「上位10%グループ」をさらに「9%グループ」と「最上位1%グループ」に分けてるが、全然リキが違う（ギニュー特戦隊とフリーザぐらい）。
・意識がもうろうとする。眠い……意地で読め！

ポイント

**経済成長率が低いと貧富の格差は拡大する。解決策は国際的な課税制度の創設**

# 32『経済学原理』（1890）

アルフレッド・マーシャル

**現実からかけ離れた理論を「暇つぶし」と批判。市場を「変化」するものとしてとらえ、時間の流れと連動してその変化の状況を分析した**

『経済学原理』小林時三郎 訳（岩波文庫）

アルフレッド・マーシャル（1842〜1924）イギリスの経済学者。ケンブリッジ大学教授を務め、ケンブリッジ学派を創始。

## 生き生きと変化・躍動する現実の経済の姿を描出

マーシャルは新古典派を代表する経済学者だ。ケンブリッジ大学教授として「ケンブリッジ学派」を創設し、ケインズやピグーら、優秀な人材を輩出した。また彼の書いた『経済学原理』は、ミルの後長らく経済学の標準的なテキストとなった。

マーシャルが影響を受けたものが2つある。ミルと進化論だ。彼はミルから社会正義を学び、貧困の解消を自らの経済学のテーマとした。とはいっても彼が目指したのは、不平等の是正ではなく**「生産性の向上による全体的な所得水準の底上げ」**だった。さらに彼は、ダーウィンの進化論から受けた影響で、市場を「変化」するもの（＝動態的なもの）ととらえ、ワルラスの「一般均衡理論」（すべての市場の完全な需給均衡という変化のない〈＝静態的な〉市場を描いた）とは別の、成長・発展を軸とする経済学を構築したのだ。

では、動態的変化を前提とする市場分析とは、どのようなものか？　マーシャルは均衡の時間区分を4つに分け、時間の流れの中で変化していく市場の姿を示した。それが**「一時的均衡→短期均衡→長期均衡→超長期均衡」**という変化だ。

最初に現れる一時的均衡とは「供給量が一定の時の均衡」だ。この時は、仮に需要量の増加があっても、企業は供給量を増やさない。なぜならまだその需要の増加が、一過性のものか永続的なものか分からないからだ。つまりは様子見状態だ。

そして様子見の結果、企業はその需要増加がしばらく続くと判断する。そうすると次に現れるのが「短期均衡」だ。これは「一定の生産設備の下での均衡」で、企業は需要の増加に、設備投資ではなく稼働率のアップで対処する。そしてその需要がいよいよ本物と判断されると、次に現れるのが「長期均衡」だ。これは「設備投資された下（もしくは新規参入企業が増えた下）での均衡」で、ここでは企業の生産性が向上されたことで、いよいよ全体的な所得水準の底上げが始まる。

で最後にくるのが「超長期均衡」だ。これは「産業構造そのものや資源・人口などががらりと変化した下での需要」。ここまでくると、上記3つとは時間軸がかけ離れすぎている。だから通常は「長期均衡」までの変化の中で、市場の分析を行う。

19世紀半ばから20世紀初頭を生きたマーシャルにとって、特に長期均衡と貧困は、生き生きと変化・躍動する現実の経済の姿そのものだった。彼は現実からかけ離れた理論を「単なる暇つぶし」と嫌ったが、そういう意味では彼の理論は、まさにマーシャルらしい経済学といえる。

# 33『コンドラチェフ経済動学の世界』（2006）

『コンドラチェフ経済動学の世界』岡田光正（世界書院）

岡田光正

**波瀾の人生をたどった旧ソ連の天才経済学者が資本主義諸国の経済を研究し、その景気が長期的に好況・不況の波を繰り返すことを究明**

ニコライ・ドミートリエヴィチ・コンドラチェフ（1892〜1938）
ロシアの経済学者。ロシア革命が起きた1917年、ケレンスキー政権下で食糧副大臣を務める。ソビエト政権が樹立されるとモスクワの景気研究所の所長に就くが、後に粛清された。

## 西側諸国にも影響を与えた「コンドラチェフの波」

コンドラチェフといえば**「コンドラチェフの波」**で知られる旧ソ連の経済学者だ。ここで紹介するのは、コンドラチェフ自身の著作ではないが、彼の主要文献によったコンドラチェフ経済学の本質が分かる1冊だ。著者は現在、放送大学副学長を務めている岡田光正氏。

**コンドラチェフの波とは「景気循環の長期波動」で、西側資本主義諸国の経済が、約50年というおそろしく長いスパンで「好況→後退→不況→回復」の波を繰り返しているとする学説だ。**

その主要因とされるものは「技術革新」だが、技術革新といえばシュンペーター。そう、この波は単に長期波動と呼ばれていたものをシュンペーターが「コンドラチェフの波」と名づけ、それが技術革新からくる波だと『景気循環論』で指摘したことで有名になったのだ。ちなみにシュンペーターによると、第1の波は1780〜1840年の技術革新で、その主要因もちろん「産業革命」。第2の波は1840〜1890年の「鉄道建設」。その次の波は「電気、化学・自動車」からくる波になるだろうと指摘している。

農業経済学者にしてエス・エル党員（「ツァーリを倒す革命は、我々都市の知識人が主導する」というナロードニキ思想の流れをくむ過激政党）だったコンドラチェフは、弱冠25歳にしてロシア革命時のケレンスキー内閣で食糧次官を務めた。その後も初期ソビエト経済で指導的役割を果たした。彼の長期波動の研究成果はこの時期の1925年、「景気の大循環」という論文を発表したことで、一躍世界に知られることとなった。

しかしその後、スターリン政権が確立すると、コンドラチェフは「右翼ナロードニキの偏向学者」のレッテルを貼られた。理由は「資本主義は世界恐慌で最終破局の局面を迎えたのに、コンドラチェフの学説ではその〝資本主義の復権〟が予言されている。これは、マルクス主義の理論に水を差す反動的見解だ」というものだ。

結局コンドラチェフは1930年、エス・エルの残党からなる「勤労農民党」なる反政府組織の首謀者に仕立て上げられて逮捕。禁錮8年の判決を受け、政治監獄に収容される。その後、健康状態が悪化した彼は、早期釈放を求めてスターリン政権にすり寄り、スターリンを「真の指導者」とたたえ、レーニン＝スターリン路線を賛美した。しかし彼は1938年、銃殺された。

コンドラチェフの名誉は、ゴルバチョフのペレストロイカの下、1987年回復した。処刑から約50年、まさにかの波の如き名誉回復だ。

# 34『大転換』（1944）

カール・ポランニー

資本主義は虚構にすぎない！　今、私たちは経済体制を「大転換」させ、商品とカネ勘定しか存在しない異常な市場経済に変革を起こすべきだ

『大転換』野口建彦 訳（東洋経済新報社）

カール・ポランニー（1886～1964）オーストリアの経済学者。学生時代からハンガリーの解放運動に関わり、イギリスに亡命。その後、アメリカのコロンビア大学で客員教授を務める。

## 資本主義を乗り越える新しい経済体制はあるのか？

ポランニーの『大転換』は、**「資本主義は、実は不自然で異常な経済体制だ」**ということを訴えた本だ。

資本主義が生まれる前にも、当然経済体制はあった。その体制は「互酬（互いの助け合い）・再分配（収穫物を分け合う）・家政（自給自足）」を基礎とするとても自然な経済体制で、人類の歴史の大半はこの下に成り立っていた。

しかしその後、産業革命などによる工業化と生産性向上のせいで「自己調整的市場」が発展した。いわゆる市場経済に基づいた自由市場だ。市場経済はあらゆるものを商品化することで、本来商品であるべきでない「労働・土地・貨幣（＝疑似商品）」までをも商品化してしまった。これ

はまずい。なぜならこれらの中には、どれ一つとして「生産によって生み出されたもの」はなく、これらが商品化されてしまったら、人々は「生きるためにはカネを得る→そのためには命を削って労働する」しかなくなるからだ。このようにして、神のために創られたはずの人々の尊厳は、市場経済という「悪魔のひき臼」によってすり潰され、その後は大多数の人々がわずかな資本家に隷属するという異常な事態をもたらした。

しかし市場経済は、しょせんは虚構だった。それが分かるのは20世紀だ。19世紀の市場経済は「①自己調整的市場／②自由主義国家（①の前提として必要）／③国際金本位制（①の国際化に必要）／④バランス・オブ・パワー（＝各国間の軍事バランスの維持。③に必要）」に基づいていた（※これらの形成が**第1の「大転換」**）が、これらはあくまでロスチャイルドなどの国際金融業者の陰の努力で維持できていたものだ。しかしそれも、第一次世界大戦で大きく崩れてしまった。その後、人類は国際連盟を作って何とかこの体制を維持しようと努めたが、その後の世界恐慌で、これらは完全に崩壊してしまった。

その後世界はどうなったか？　台頭してきたのは「ファシズム・社会主義・ニューデール」であり、この体制のシフトが**第2の「大転換」**だ。どれも見事に市場経済の自己調整的市場とは程遠いものばかりだ。

というわけで、**資本主義は虚構・ユートピアにすぎない**ことが分かった。それを克服するには、僕らはいま一度経済体制を「大転換」させ、商品とカネ勘定しか存在しない異常な市場経済に、より普遍的な共同体で支え合う経済の要素を取り込んでいくべきなのかもしれない……という本です。

# 35『有閑階級の理論』（1899）

## ソースティン・ブンデ・ヴェブレン

**成功のバロメーターが「金銭」である**
**産業社会では、お金と時間を浪費することこそが**
**一流の証しであり、実力を誇示する方法になる！**

『有閑階級の理論』小原敬士 訳（岩波文庫）

ソースティン・ブンデ・ヴェブレン（1857～1929）アメリカの経済学者、社会学者。制度学派の祖。シカゴ大学、スタンフォード大学などで教壇に立つ。

「有閑階級」と検索したら第二検索ワードに〝ニート〟と出てきたが違う違う。有閑階級は、家に引きこもって母親に1分以内にペヤングを作らせたりしない。**有閑階級とは、金持ちであるためヒマで、日々をゼイタクな消費や社交や娯楽で浪費的に費やしている人々**のことだ。

この言葉を造ったのがヴェブレン。彼が19世紀末に書いた『有閑階級の理論』には、その有閑階級の意味と社会的役割が鋭く分析されている。彼によると、人間という競争心をもつ生き物が築き上げた産業社会では、力の誇示も競争的になる。ならば、産業社会における成功のバロメーターが「金銭」である以上、成功者はこぞって**「ヒマをアピール」**し（＝顕示的閑暇。「俺は働かなくても財産があるぞ」というアピール）、**「無駄で高価なモノへの浪費」**（＝顕示的消費。見せびらかすための消費）に努めなければならない。なぜならば富こそがその人の能力の証しであり、それを前面に押し出すことでその人は尊敬され、社会的名誉を得るからだ。

つまりは「職業的なヒマ人」か。大変だな有閑階級。現代大衆のブランド信仰も、彼らを規範としたせいだな。

# 36 『帝国主義論』（1917）

ウラジーミル・イリイチ・レーニン

**独占企業と銀行が結びついた「金融資本」は列強諸国による激しい植民地戦争を引き起こし、同時に「革命の前夜」へと世界を導く！**

『帝国主義論』宇高基輔 訳（岩波文庫）

ウラジーミル・イリイチ・レーニン（1870～1924）ロシアの政治家、革命家。ボリシェヴィキを指導し、ロシア革命を成功させる。革命政府で人民委員会議議長を務め、共産主義政党の国際組織コミンテルンを創設した。

レーニンの『帝国主義論』は、第一次世界大戦の最中である1917年に書かれた。そこでは第一次世界大戦を「帝国主義間の戦争」と位置づけている。

レーニンによると、**帝国主義とは「独占資本主義」の段階**のことだ。そこでは資本主義の当然の帰結として、独占企業による産業支配が実現し、その巨大な生産力が銀行と結びつく。こうして形成されたものが**「金融資本」**だ。そして金融資本は、新市場と新たな生産の場を求めて開発途上の国へと向かい、そこを植民地とするべく、列強間で激しい戦争が展開される。第一次世界大戦はまさにそうした「植民地ゲットのための戦争」であり、レーニンはこの段階を「資本主義最高の発展段階」であると規定した。

しかし、**資本主義最高の発展段階は、裏を返せば「労働者の不満がピークに達した状態」である**。だからレーニンはこの段階を**「革命の前夜」**とも位置づけた。

レーニンの記述は、部分的には古くさく、全体的には鋭くて熱い。この人は天性のアジテーターだ。ロシア革命は彼によって導かれ、成功した。

# 37『経済学の本質と意義』(1932)

『経済学の本質と意義』小峯敦 他訳(京都大学学術出版会)

ライオネル・チャールズ・ロビンズ

**「経済学は希少性に関する科学である」と、「希少性定義」と呼ばれる経済学の本質を指摘。自らの師やケインズと論争するなど波瀾万丈**

ロビンズといえば**「経済学の定義」**の考案者として、あまりにも有名だ。

その定義とは**「経済学は〝希少性〟に関する科学である」**というもので、俗に「希少性定義」と呼ばれている。

なるほど、つまりは**「欲望と希少性のせめぎ合いを研究する」のが経済学**ってことか。希少性のあるものの方が価値が高いのは、スミスの「水とダイヤモンドの話」からも分かるし、それらは「欲望される量より少ない」ことが価値を生み出している。なら、希少でみんなが求めるからこそ「分配」が問題となり、希少だからこそゲットした時の「効用」(満足度)が高い。ほんとだ、希少性は考えれば考えるほど経済学だ。

ちなみに、一般にはこの希少性だけで知られることの多いロビンズは、その人生もなかなかすさまじい。第一次大戦に従軍して片腕を失い、その後はギルド社会主義(組合中心の社会主義)に参加し、LSE(ロンドン・スクール・オブ・エコノミクス)在学中にベヴァリッジの助手になり、その彼をクソミソに批判し、ケインズと論争しと、かなり波瀾《はらん》万丈だ。

ライオネル・チャールズ・ロビンズ(1898〜1984)イギリスの経済学者。ロンドンスクールオブエコノミクス(LSE)教授、経済学部長を務める。

## 38『動態経済学序説』（1948）

『動態経済学序説』高橋長太郎 他訳（有斐閣）

**資本と労働力の供給が並んで増加していく時に最速で経済成長が起こるが、そのバランスを保つのは、ナイフの刃の上の綱渡りのように不安定**

ロイ・フォーブス・ハロッド

ハロッドは「経済成長論」の先駆者となった人物。この人の経済理論は簡単に言うと、**「資本と労働の両方が同時に成長していくのが最適成長だが、その道はとても細くて難しい」**というものだ。

たとえば、機械設備などの資本の増加率（保証成長率）と現実の経済成長率を考えてみると、まず現実の経済成長率が保証成長率を上回っている時（＝資本が足りていない時）には、企業は不足する資本ストックを増やすため投資が活発になり、経済は活性化する。逆に保証成長率の方が上回っている場合には、資本が余っているため、投資が冷え込み不況になる。この中で、均衡状態を保つことは難しい。まるでナイフの刃の上の綱渡りみたいに不安定だ。

だからハロッドは、この不安定性原理を**「ナイフエッジの原理」**と呼んだ。ハロッドにとっての理想状態は、保証成長率と労働力供給の増加率（自然成長率）が一致することだ。なぜならこの状態こそが、資本ストックの完全稼働と完全雇用が実現した理想状態だからだ。だがその実現は難しく、実際には政府の介入が必要だと彼は説いている。

ロイ・フォーブス・ハロッド（1900〜1978）イギリスの経済学者。オックスフォード大学教授を務める。ケインズの弟子。

# 39『近代世界システム』（1974）

イマニュエル・ウォーラーステイン

**資本主義経済の発展によって、世界全体が分業で結びつく非政治的な「世界経済」が長期間、支配的な地位を占め続けている**

『近代世界システム』川北稔 訳（岩波書店）

イマニュエル・ウォーラーステイン（1930〜）アメリカの社会学者。カナダのマギル大学教授、アメリカのビンガムトン大学教授を歴任。アメリカアフリカ学会会長などを務める。「世界システム論」の提唱者。

**「世界システム」とは、世界を国家単位では見ず、世界全体を覆う1つの社会システムが存在するとみなす考え方**のこと。その形には、政治的な支配を伴う**「世界帝国」**と、世界全体が分業で結びついてはいるが政治的なまとまりはない**「世界経済」**とがある。

15世紀後半に始まったこの世界システム、最初は欧州の少数の国家が経済・政治を支配して「世界帝国」を形成した。しかし**近代は、経済的支配だけが肥大化した「世界経済」が、長期にわたって続いている。理由はその経済が「資本主義的な経済」だから**だ。

資本主義は「無限の資本蓄積」を本質とする。そうなると、世界帝国では息苦しい。政治の支配はそれを抑圧するからだ。しかも拡大し続ける経済を、政治と軍事でコントロールするには、相当なエネルギーを要する。結局そうなると、世界帝国を支配することはおろか、経済的な覇権（主導権）を握り続けることさえ困難になる。

世界はかつて、オランダ・イギリスに支配され、今はアメリカが経済的覇権を握る。でもそれも、長続きしない。次なる覇権国（もしくは世界システム）はどうなる!?

# 第4章

# 経済学は「格差」をどう考えるか？

「豊かさ」と「貧困」が分かる名著11冊

# 40『ゆたかな社会』（1958）

ジョン・ケネス・ガルブレイス

『ゆたかな社会』鈴木哲太郎 訳（岩波現代文庫）

**19世紀の貧困の中で生まれた「暗い」経済学では**
**もはや現代の「ゆたかな社会」は説明できない！**
**新しい価値観で経済学の刷新を試みる！**

ジョン・ケネス・ガルブレイス（1908～2006）カナダの経済学者。ハーバード大学教授。ケネディ政権でインド大使を務め、アメリカ経済学会会長などを歴任する。

## 一見「読みやすそう」な名著だが……

僕はこの本を、〝重鎮たち〟の名著の直後に読んだ。理由は「読みやすそうに感じた」からだ。

僕は本書の執筆に必要な読書を、主に1～3月の間に行った。なぜならその時期こそが、我々予備校講師が待ちに待った「オフ期」だからだ。

オフはすばらしい。それまで我々は日曜も連休も盆も正月もなく働かされるが、オフになればすべてが報われる。オフのことを考えると、ひとりでに顔がにやけてくる。僕らはみんな冬期直前講習で、本番間近の受験生に対し満面の笑みで「君らはよく頑張った。さあ成果を出してこい。先生も応援してるぞ！」などと言うが、その時僕らが見せる笑顔は、すべてその後の温泉や海外旅行やダイビング、インド洋でマグロを釣る自分の姿などを想像してニコニコしているだけだ。誰も応援などしていない（ウソですよ〜）。

だが、僕はその時期を、ほぼ100％執筆にあてている。これは蔭山家の家計が「少ない講義報酬＋なけなしの印税」の二毛作に依存しているため仕方ない。つまり僕は、英数国のスター講師の皆さんが早々にコメの収穫を終え、「さあ南国の太陽を浴びようぜ！」と成田空港にわらわら群がっている頃、一人藤沢駅前のうす暗いネットカフェで、せっせと裏作の小麦を植えていないとならないのだ。

でも、ネットカフェは最高だ。狭いし暗いしタバコも吸えるし、何といってもマンガがある。マルクス執筆中に『あぶさん』が読めるなんて最高だ。あぶさん行きつけの飲み屋には、賃金奴隷や産業予備軍がうじゃうじゃいるが、別にマルクスと重ねて読んだりしない。マンガはマンガで楽しんで、気分転換する。本を書くのに太陽はいらない。僕は喜々として、今年もせっせと（マンガを読みながら）執筆を進めていた。

しかし、そろそろ新年度を意識し始めた3月、僕はまだ手をつけていない「ビッグ4」が気になり始めた。スミス・リカード・マルクス・ケインズだ。この4人はとてつもなくヘビーだ。新学期にくい込むとまずい。僕は急きょ読書計画を変更して、とにかくこの4人を先に読んでしまおうと決めた。そして、この4人の後には比較的読みやすそうなガルブレイスを持ってくる。これなら新学期にずれ込んでも楽勝だ。僕はそう思って、「読書計画の調整役」として、ガルブレイスを4人の後に持ってきた。

ところがこれが大間違いだった。一見読みやすそうなガルブレイスは、実は非常に読みにくかったのだ。言い回しにヒネリが効きすぎている。特に皮肉めいた表現が最悪で、もう捻《ひね》って捻って、原形をとどめていないほどだ。新学期授業と並行しながら読んだこともあって、僕は読破に、何と10日も要してしまった。

でもこの人、10日かけて読み切った価値はあった。内容はとても面白く、しかも**先見の明がある**。本書が書かれたのは1958年なのに、まるで「今見たことを書いている」ようにさえ思える。それではガルブレイスの『ゆたかな社会』、どんな本か、見ていこう。

## 「貧困」の中で生まれた経済学では「ゆたかな社会」を説明できない

現代のアメリカは、非常に豊かだ。人々に必需品が行き渡り、物質的には何不自由なく暮らしている。まさに本書のタイトル通り「ゆたかな社会」の実現だ。

しかし**経済学は、19世紀の「貧困な社会」の中で生まれた**ものだ。この頃の貧困は、「くそ、俺もこんなオンボロ四畳半のアパートから、早く脱出したいぜ」などという生易しいものではなかった。一部の人を除き、明日死んでもおかしくないほどの飢え・寒さ・病気などが、常に人間につきまとっていた。

しかも「一部の人を除き」と言ったが、その彼らでさえ、電気・水道・ガス・電車・コンビニなどを持っていない。現代ならば四畳半のボロアパートで押入れのパンツに〝さるまたけ〟を生やしまくっている〝男おいどん〟でさえ持っているというのに（知りたい人は松本零士のマンガ

## 古典派経済学では「ゆたかな社会」を説明できない

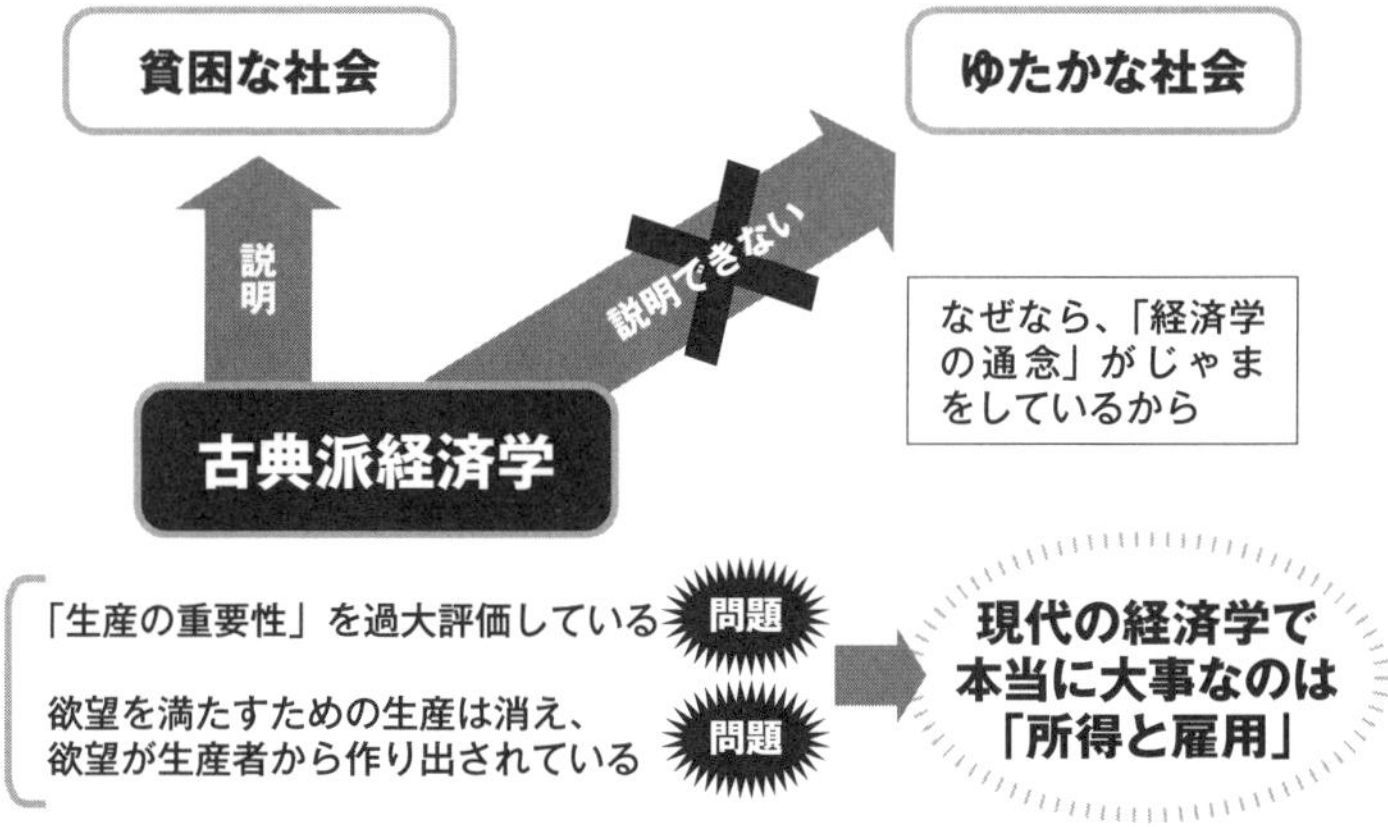
貧困な社会
ゆたかな社会
説明
説明できない
なぜなら、「経済学の通念」がじゃまをしているから
古典派経済学
「生産の重要性」を過大評価している
問題
欲望を満たすための生産は消え、欲望が生産者から作り出されている
問題
現代の経済学で本当に大事なのは「所得と雇用」

『男おいどん』をご覧ください)。そのくらい19世紀と現代では、貧困や豊かさの状況が違うのだ。

そんな時代の経済学で現代の「ゆたかな社会」を解釈して、大丈夫なのか？　スミスやリカードやマルクスが青筋立てて主張していることの大半は、もはや意味を失っているのではないのか⁉ かつてはあれほど切迫していた「商品への欲望」が、今や人から促されないと意識できないほど、はっきりしないものになっているのではないか。

この本は、まずそれを明らかにしようとする。そう、**僕らはゆたかな社会に生きながら、過去の貧困に根ざした経済学に、いまだにしがみついている**のだ。古い経済学者にとって、今さら「豊かさが経済学上の事実」になったことを受け入れるのは、恐怖なのだ。ガルブレイスにとって、**経済学の欠点は「理論の誤**

**り」などではない。「いつまでも陳腐な理論を改めようとしないこと」**だ。

しかし僕らは、「ゆたかな社会」を貧困時代のルールなんかで生きたのでは、チャンスも逃すし困難への対処も間違える。何とかしないと。

**事実をどう解釈するか――**　ガルブレイスの経済・社会分析は、何よりもこれを重視する。世の中では、**「正しいこと（真理）」と「単に人から受け入れられていること（人気）」の間の争いが絶えない。**この争い、最終的には真理が勝つが、短期的には人気が勝つ。ふだん人と接点を持たない実験室の科学者は真理を求め、客商売である国会議員や著述家、広告マンは人気を求める。彼らはともに人々から支持を得ようとするが、たいがい勝つのは「人気」の方だ。人気の方が分かりやすく、今までの考え方から逸脱せず、親しみやすいからだ。このように、**正しいか正しくないかにかかわらず「受け入れられる性質を持っているために尊重される観念」**を、ガルブレイスは**「通念」**と呼んだ。

「通念」は、ガルブレイスの造語だ。彼の考えは、しばしばこの通念と衝突する。

通念は、以下のような性質を持つ。

・通念は、世界に適応するのではなく、**「聴衆の世界観」に適応**する。
・通念は、独創性を嫌う（独創的な考え方を非難し、受け入れを拒む）。
・実は通念は、保守・リベラルとも大差ない（聴衆の好みに合わせ、表現を微調整）。
・通念は学者の見解と同一視された時、確固たる地位を築く（通念は学者が説き、大企業の社長や政治家が解説することで、聴衆に安心感を与え、通念となる）。

・**通念のキモは「人気」**（人は、自分が支持する通念を「他人が語り、聴衆が拍手」するのが大好き。これで自分が孤立していない安心感を確認できる）。

・テレビのコメンテーターなどは、聴衆のほしい言葉を投げてあげる「通念の上書き役」。

なるほど、これは厄介だ。つまり**通念は、正しくない可能性を秘めながらも、人々の心をガッチリつかんだ考え方**なのだ。しかもガルブレイスは「通念は常に陳腐化の危機にさらされている」とも言っている。世界は常に変化するのに、大衆は安易で慣れたものに執着するからだ。そういう意味では、通念の敵は「事実の進行」とも言える。

そしてこの後、**「経済学の通念」が、現実とのズレをもって、ガルブレイスの前に立ちはだかる。**

## 経済学は「暗い学問」!?

経済学を「陰気な学問」と呼んだのは、カーライルだ。そのカーライルが皮肉を込めて「陰気な学問の尊敬すべき教授たち」と呼んだのは、マルサスとリカードだった。なぜこう呼ばれたのか？――それは**古典派経済学が、本質的に「暗い」**からだ。

古典派の祖といえばスミスだが、まずスミスとマルサスは、「国民経済の総体」に目を向けた。マルサスは、増え続ける人口を止められるのは「貧困と悪徳」と語り、僕らがどうあがいても、人類の未来には飢餓と貧困しかないという絶望的な未来図を示した。一方、スミスはスミスで「経済発展」に目を向けた楽観論者だったが、彼が語ったのはあくまで「社会全体としての富の増大」であり、そこには個人や各階級への「分配」がどうなるかは、示されていなかった。

その**「分配」の問題に正面から切り込んだのが、リカードだった。彼は経済学の本質を「分配」ととらえ、各階級への分配を決定する諸法則を研究した。**

リカードによると、生産で生み出された富は、基本的に「賃金・利潤・地代」のどれかに分配されてゆく。ということは、富の増加が人口増加をもたらすことを考えると、まず上がるのは地代だ。なぜなら人口は増えても、その人口を支える土地は増えないからだ。そうすると、残る2つは利潤と賃金になるから、必然的に「資本家が利潤の取り分を増やせば賃金は下がり、減らせば賃金は上がる」ことになる。

そして当然、資本家は利潤の取り分を増やす。これは労働者との立場の違いを考えても、資本蓄積が経済発展につながることを考えても明らかだ。結果として、労働者の賃金は下がるしかないということになる。結局リカードの考えでも、**世の大多数を占める労働者は、貧困にあえぐことになる**のだ。

さらにリカードは、「労働も市場で売買されている以上、自然価格と市場価格がある」とも言っている。労働の自然価格とは「労働者がギリギリ生きられる金額」であり、これがその後の賃金鉄則となった。

このように古典派が主流となった**19世紀の経済学は、どこを切り取っても「大多数が貧困」と**

**いう暗い未来**しか示していないのだ。

しかしその後、現実の経済社会では、人口は増えすぎず、食料は不足せず、労働者の賃金鉄則は放棄されてゆく。にもかかわらず、現代に至ってもまだ、経済学は「リカード的考え方が支配的」なままなのだ。つまり、**世の中は確実に「ゆたかな社会」になっているのに、理論の世界では今なお「労働者は貧しく、富者はますます富む」のだ。**そこでは相変わらず「土地」が巨大な富の源泉であり、経済学の主流派はその「富の相続」を、永続的な不平等をもたらすものとして懸念している。

これら主流派の経済学者は基本的に自由放任主義だから、フェアな競争を台無しにする類の不平等（もしくは不公平）を嫌う。だから彼らは、競争なしで富をゲットする相続も嫌うし、「生産で稼いだ」ではなく「生産を支配する力で稼いだ」独占も嫌う。

だが彼らは「競争の結果」は受け入れるから、失業・倒産はあって当然、景気変動も不況も起こるのが自然という態度だった。これでは現実と乖離《かいり》した経済学が、ただいたずらに人々を不安にしているだけだ。

そしてリカード以後も、経済学は右翼と左翼から、不安を煽り続けた。右からはスペンサーの「社会進化論」が現れ、「適者生存」（※ダーウィンではなくスペンサーの造語）の考え方を軸に、闘争と弱者の淘汰は不可避であるばかりか良いことであると説いた。また左からは社会主義者のマルクスが現れ、リカードの分配法則を発展させて、最終的には資本主義を否定し、危機と絶望の未来しかない労働者に、革命の道を示唆した。

でも実は、経済学者が誰も見通せなかったが、この後の世界には生活のすばらしい向上が待っていたのだ。そこでは**所得分配の不平等は「生産の増加」という代替物により、平等化ではなく「全体的な所得の底上げ」という方法で、不平等をそれほど重要な問題ではなくしていた。**つまり**「陰気な学問」の通念は、バラ色の現実から遊離**していたのだ。

このように、経済学は現実とはかけ離れた代物となり、ただその通念が、人々の心に不安の種だけ植えつけていたのだ。

## 「ゆたかな社会」では「生産」の意味合いが変わる

しかし不安は、現実の世界ではなくなったが、経済学の通念という思想的土台にはほぼそのまま残っていて、不可欠といえるほどの役割を果たしている。

**経済的な不安の除去には、まず「企業」が着手**した。近代企業の発展は「リスク軽減努力」からのみ理解できると言えるほどだ。

【近代企業の行ってきた「リスク軽減努力」】
・独占（これで価格は変動しないから安心）
・宣伝（これで気まぐれな消費者の「需要を支配」できるから安心）
・法人（これでワンマン経営者の暴走を阻止できるから安心）

次いで、個人のためのリスク軽減も、政策的に進められてきた。これが1930年代のニューディール政策に見られた「社会保障／労働組合／農産物の価格支持／需要の不足への対処」だ。

このニューディール政策とケインズ経済学により、不況は「放置すべきもの↓部分的には防ぎうるもの」へと変化した。だから、主流派の経済学者の作った「経済生活は不確実だ」という通念がいまだに完全に受け入れられているが、実際には各種の保障で、もはや主要な不確実性は取り除かれているのだ。

不況にしたって、その原因は労働者や企業にあるわけではなく「需要の不足」にあると分かっているのだから、これを「景気循環の自然な流れ」と諦めて放置するのではなく、生産の増大でカバーしていけばいいのだ。

ただ**経済学の通念は、この「生産の重要性」を過大評価**しすぎている。これが問題だ。

リカードの時代、物質は衣食住を支える「生存に必要なもの」なのに、希少だった。そのため、この時代に生産が過大評価されたのは仕方ない。

しかし**「ゆたかな社会」では、物質は豊富**だ。必需品は隅々まで行き渡り、かつて不平等から生じた緊張は、生産の増大によって解消されている。**なのに相変わらず、通念は生産の増大を最大の関心事**のように語る。

なぜだ？　必需品が足りているということは、「欲望充足のための生産」という図式は、普通に考えれば成り立たない。かといって「所得分配の不平等を埋めるためにも、生産の増大が必要なんだ!!」と力説されても釈然としない。この場合も必需品が足りている以上、「誰に対して何を生産するの？　必要のないモノなんか生産して、売れ残らないの？」という疑問が残るからだ。

ここで重要な意味を持つのが**「宣伝」**だ。**宣伝は「存在しないはずの欲望を造出する」ことができる。**ということは、必需品としては需要ゼロの、たとえばパーティグッズの「ちょんまげカツラ」あたりに無理やり需要を生み出そうとすれば、巧みに宣伝すればいいということか。電通あたりに一枚嚙んでもらい、菅田将暉や斎藤工あたりがかっこよくマゲヅラを着こなし、乃木坂にもかぶらせ、「スベり知らずのパーティグッズ・MAGEZURA！」と大々的にCMすれば、世はたちまち〝マゲヅラブーム〟となり、本来なかったはずの消費需要が、生産者サイドの宣伝によって作り出されたことになる。

このように、**本来「欲望を満たすための生産」だったものが、気がつけば欲望そのものが生産者サイドの宣伝によって作り出される**という事態が、今日発生している。この「欲望は生産者の宣伝に依存する」という効果を、ガルブレイスは**「依存効果」**と呼んだ。

なるほど、これがあれば確かに、必需品は足りていてもモノは売れ、生産は増大するな。結局、現代における生産の意味は、経済学者が言うような絶対的なものではなく、「所得を得る手段として、生産は重要」というのが、一番真実に近いのだ。

## 現代の経済で本当に大事なのは「所得と雇用」

さらに**別の点でも、生産重視の伝統的な考え方は、非合理的だ。それは「民間の生産だけが重**

**要。公共サービスは重荷」という態度**だ。

ゆたかな社会になればなるほど、きれいな道路や教育・警察・衛生・軍備などが必要になるのは明らかなのに、伝統的な経済学は「19世紀の自由放任ベース」のため、通念は「公共サービスの拡大は悪！」ととらえて譲らない。しかも公共サービスは、企業が生産する商品のように、多額の宣伝費を使って大衆の欲望を育成しているわけでもないから、みんな積極的には欲さない。私的に生産される商品と公共サービスのバランスをガルブレイスは**「社会的バランス」**と呼ぶが、今はまさに社会的アンバランスがひどい。

このアンバランスの弊害は色々あるが、特に「教育サービスの不備」は、社会的な損失が大きい。なぜなら昔と違い、今日の技術革新は「天才のひらめき」からではなく、「しっかりと教育投資されてきた男女」によってもたらされるからだ。

**教育投資は、主に公共でやるしかない**。なぜなら「いい仕事に就くために、自分に教育投資するぞ」と思っても、まだ収入がない時期には自分磨きにかける金はないし、企業は企業で人材流出のリスクを恐れ、社員教育に金をかけたがらないからだ。確かに、社員教育したとたんに転職されたんでは、目も当てられない。

じゃあ教育投資は公共サービスでやるしかないということになるが、残念ながら公共サービスには、通念はいい顔をしない。「そんなことに金を使うより、もっと生産を増大させろ」と言うわけだ。うーん、難しい……。

さあそれでは、僕らが古くからの通念にとらわれず「ゆたかな社会」を作るには、一体何をすればいいだろうか。

現実の経済では、思いっきり宣伝しないと売れないような必要性のないものに、かなり多くの生産のエネルギーが使われている。そういう意味では「生産そのもの」は、あまり重要ではない。しかしながら「所得を生み出す源泉」として見た場合、生産は相変わらずとても重要だ。ということは、さっきも触れたが、**今の経済で本当に大事なのは、生産ではなく「所得と雇用」**なのだ。

ならば**「生産以外で所得を得る手段」を見つければいい**。そう考えれば、たとえば「失業手当」なんかはアリだ。それから民間と公共サービスの社会的アンバランスの改善には、累進課税を強化し、金持ちから取った税の多くを公共サービス整備に回せばいい。消費税を公共サービスに回すのもいいな。消費税なら、依存効果でモノが売れれば売れるほど、公共サービスへ金が回ってくることになる。私的生産と公共サービスの社会的バランスで考えたら、最善かも。さらには貧困対策も必要だ。最低限度の生活保護や学校環境の整備は、ゆたかな社会を目指すなら、ぜひともやらねばならない。

さらに、ゆたかな社会では、生産の必要性が下がることで、労働時間や労働人口を減らすことができる。そうすると、19世紀のように「労働＝苦痛」ではなく、**楽しみとしての仕事、自己実現としての仕事に就ける人**の数を増やすことができる。ガルブレイスはこれを**「新しい階級」**と呼んだ。仕事に生きがいを見いだす科学者や大学教授、ジャーナリスト、広告マン、芸術家などのことだ。

もはや生産は、かつてほど重要ではない。ゆたかな社会に、現状の労働者数は多すぎる。今こそ公共の教育投資に力を入れ、面白くてやりがいのある職業に就く「新しい階級」を増やそうではないか。

**ポイント**

**19世紀以来の古典派経済学を脱し、「ゆたかな社会」を説明する経済学へシフトした画期的著作**

# 41『消費社会の神話と構造』（1970）

『消費社会の神話と構造』今村仁司 訳（紀伊國屋書店）

ジャン・ボードリヤール

**ポスト構造主義の哲学者が分析する、現代の「消費社会」における人間の経済活動とは？経済学では語れない「豊かさ」や「幸福」を再考する**

ジャン・ボードリヤール（1929〜2007）フランスの哲学者、社会学者。パリ大学ナンテール校教授を務める。ポスト構造主義の代表的な哲学者。

## 消費社会を深〜く洞察する

ボードリヤールは経済学者ではない。**ポスト構造主義**の哲学者だ。

フランス生まれの哲学に**「構造主義」**というのがある。これは、**人間を個人としてとらえるのではなく「社会構造を通じてとらえる」**というもので、たとえば「西欧人と未開人って、本当に西欧人の方が優れているのかな？　社会構造で見ると、西欧は変革のエネルギーに満ちた〝熱い社会〟で、未開地は現状維持のための掟やタブーに満ちた〝冷たい社会〟。ということは、〈変えたがりの西欧＝現状に不満〉〈変えたがらない未開地＝現状に満足〉ってことになるんじゃないかな？」みたいな考え方だ。

ポスト構造主義は、それをさらに批判的に継承する。つまり「人間を社会構造でとらえ直すという発想はいいと思う。でもよく考えたら、**個人も構造も、しょせんは流動的**なもの。それを〝構造の方が真理〟みたいなとらえ方をするのは間違ってる。ならばやるべきことは、**構造そのものの移り変わりやその中における人々のあり方にどんな〝差異〟があるか**に注目することだ」と考えるわけだ。

ボードリヤールはそのポスト構造主義の論客の1人として、**現在の社会構造を「消費社会」ととらえ**、そこで売買される商品や人々のあり方を**「記号論」**（※記号＝本質や機能を象徴する〝しるし〟）で分析した。

この本は面白かった。ここんとこ経済書ばかり読んでいたから、いい気分転換になった。もちろん経済書は経済書で面白いけど、さすがにそればかり読んでいると「もう効用とか地代は見たくないよ〜」といささか食傷気味になる。そんな時、哲学書を間に挟むのはいい。両者は本の質が全然違う。明快さが売りの経済書と違って、哲学書は粘着気質なものが多い。中でもこの『消費社会の神話と構造』は、知的な粘性強めの、かなり面倒くさい本だった。でもそれが、かえって良かった。知性の塊みたいなボードリヤールが暗喩《あんゆ》的に次々と投げかけてくるフレーズを解読する作業は、とても〝苦し楽し〟かった。

僕はふだん予備校で「政治経済」と「倫理」を教えているが、かたや社会の外面、かたや人間の内面と扱う領域が違うため、この2科目は互いが互いの気分転換になる。スポーツと囲碁将棋みたいな関係だ。たぶんいきなりボードリヤールの本だけ読めと言われたら、「えーこの人、みるからに面倒くさそうだからやだ！」となっただろうけど、経済書の間の箸休めとしての彼は、とても魅力的だった。

しかもその内容は、実に興味深かった。彼の消費社会への洞察はおそろしく深く、しかも見事に記号論で一貫性を持たせて分析している。途中ドキッとするところも何箇所かあった。ネガティブな記述にいちいち「思い当たるフシ」があるのは、まさに哲学書の醍醐味《だいごみ》だ。さすがボードリヤール。内面エグってくるなー。

それではボードリヤールの『消費社会の神話と構造』、どんな本か見てみよう。

## 求めれば求めるほど「個性」が消えていく「消費社会」の罠

まずボードリヤールは、**僕らが今住んでいるこの社会の構造を「消費社会」と規定する**。社会構造という以上、それは単に「人とモノとの関係」だけでなく、文化・政治・経済・人間関係や社会集団との関係など、**世の中のすべてのシステムがその消費社会という構造の上に成り立っていること**を意味する。

物質的に豊かになった現代、僕らはモノに囲まれて生きている。そのモノを購入することが消費だ。そして消費は、誰もが「欲求の充足」のために行っていると信じ込んでいる。だが、果してそうだろうか？

ボードリヤールの答えは「NO」だ。なぜなら欲求充足のためならば、単に使用価値だけを求めて、必需品さえ買いそろえれば事足りる。もしこの「必要だから買う」が消費ならば、そんなものはたちまち満たされて終わりだ。

でも実際は違う。**消費には限度がない**。僕らは必需品が揃った後も消費に飢え、その力は企業の巨大な生産力をも上回る。まるで需要モンスターだ。ここまで飽くなき消費への渇望は、欲求充足の理論では説明がつかない。では、何が僕らを突き動かすのか？

それは**「差異化への欲求」**だ。

消費社会における消費とは「使用価値の取得」ではなく**「社会的意味を持つものの生産と操作」**だ。そう、**消費とは「享受ではなく生産」**なのだ。つまり僕らは、消費活動を通じてその活動が持つ「社会的意味」を生産し、それで他者とコミュニケーションをとることで、他者との「差異化」を果たしているのだ。その意味では、**消費活動は「言語活動」**であり、自分と他者を区別する記号としての「モノの操作」なのである。

具体例を挙げよう。たとえば僕がロレックスの腕時計を買ったとする。単に時計としての使用価値（時間を計ること）が欲しいだけなら、1万円も出せば、時刻表示が半永久的に狂わない電波時計を買うこともできた。なのになぜ僕は、わざわざ手巻きの150万円もするロレックスを買ったのか？

それは僕が、人から「金持ち」だと見られたいからだ。「ロレックスしてるなんて、すごいですねー！」と言われたいからだ。「いやー手巻きで面倒なんですわ」と自慢したいからだ。つまりこの場合、**ロレックスは時計ではなく「金持ちの記号」**なのだ。

このように、記号としてのモノは、使用価値ではなく**ヒエラルキーの中の「地位上の価値」**と

## 消費活動は「言語活動」

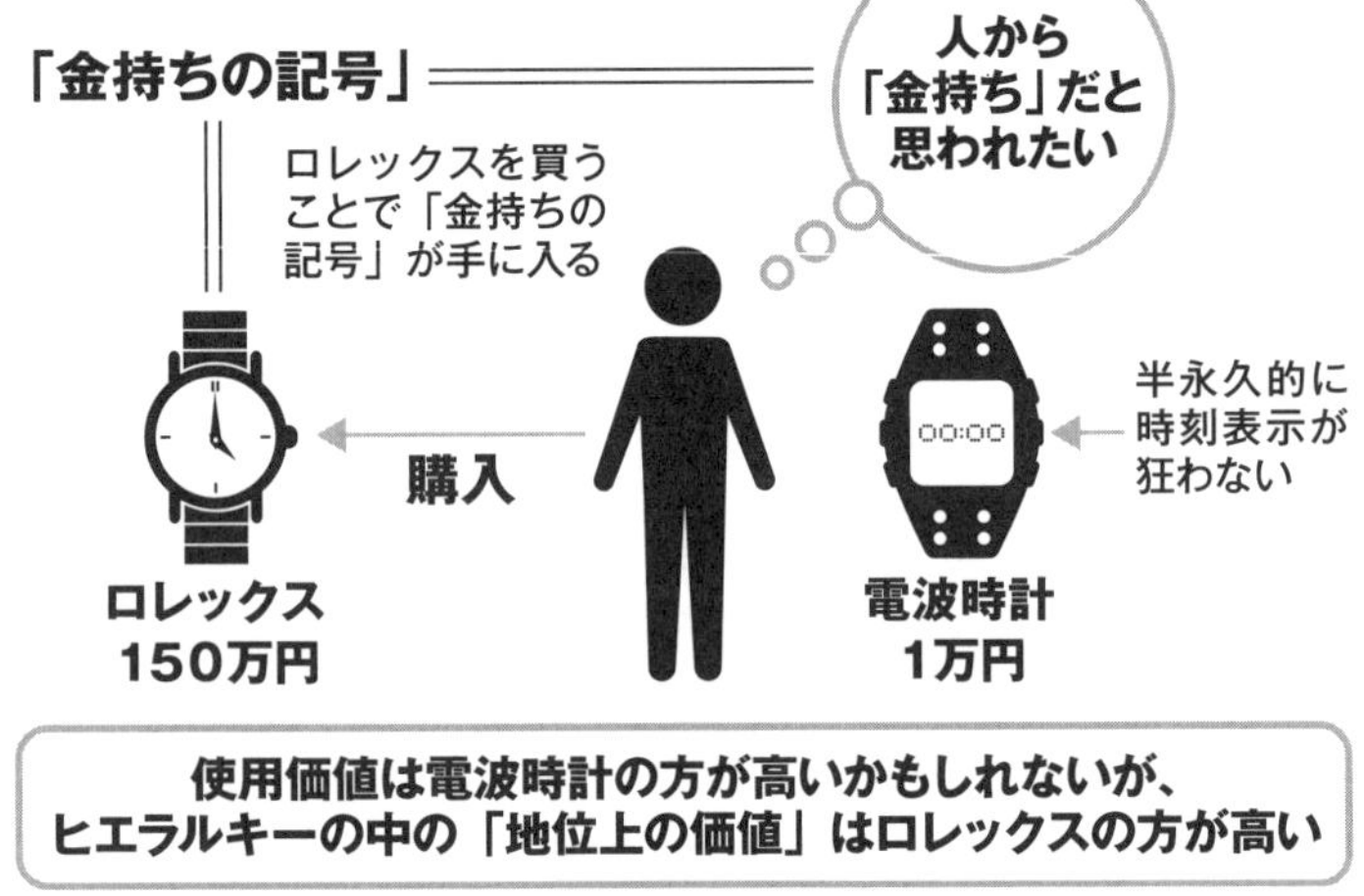
「金持ちの記号」
人から
「金持ち」だと
思われたい
ロレックスを買う
ことで「金持ちの
記号」が手に入る
半永久的に
時刻表示が
狂わない
00:00
購入
ロレックス
150万円
電波時計
1万円
使用価値は電波時計の方が高いかもしれないが、
ヒエラルキーの中の「地位上の価値」はロレックスの方が高い

して、消費社会という構造の中へ秩序づけられる。

ちなみに、現代の金持ちの消費はもっと歪んでいて、ボードリヤールはこれを**「メタ消費」**と呼んだ。メタ消費とは**「差異を見せつけるために、あえて反消費的態度をとる過剰な慎ましさ」**のことだ。これは「俺らこそが本物の金持ちだ！」という記号であり、「俺らは〝見せびらかしの消費〟（ｂｙヴェブレン）で喜んでる貧乏人とは違うんだよ」という牽《けん》制《せい》なのだ。つまり代ゼミでいうと、まだ売れてない若手が派手な服や外車を買うのが「見せびらかしの消費」で、僕が年中ネルシャツにＧパンでスズキのスイフトに乗っているのが「メタ消費」か。ということは、僕が大船のブックオフで喜々として古着を買ったり、燃費のよさを喜んでるのは、成り上がりつつある若手への牽制だったのか。やばい、ばれる！

……話を戻します。地位上の価値を高めることと並んで、モノによる**「個性化」は、他者との差異化を促進させる消費社会の重要な要素**だ。

宣伝でよく使われる「個性」は、自分の価値が高まったことを示す記号だ。元来人間には「現実的差異」、つまり個性があった。しかし消費社会では、企業は個性化の原型となるいくつかのモデルを供給し、人々に消費させる。これで見事に「個性的っぽく規格化」された人々は、満足と引き換えにあらゆる現実の差異や特異性を放棄する。つまり**消費社会で人々が求める差異は、本当の差異ではない**のだ。

ボードリヤールは、**現代の消費社会に個性など存在しない**と断言する。あるのは「差異の多様化」の要請に基づいて生産された、記号と宣伝の力で抽象的な形で復活しようとしている〝幻の価値〟だけだ。これはたとえば、現在いたるところで進められている「環境の自然化」に似ている。「自然豊かな公園」は、本当の自然ではない。あれは、自然を解体した後で記号として現実の中へ復活させる自然風の「メークアップ」だ。

結局世の中には「個人はむさぼるように〝差異〟を消費しているつもりだが、実は企業はその差異を〝一般化〟し、宣伝がそれを後押しして販売しているだけ」という図式が成り立っているのだ。

## 経済成長は「豊かさ」や「幸福」に結びつかない⁉

いろいろ挙げてきたが、結局このような考えに基づいて、消費社会は消費者から、経済学者お気に入りの合理的プレーヤー（ちょっとでもいいものを安く買おうとする消費者）の仮面をはぎ取り、限りない熱狂と前進をもって、本来あるべき需要と供給の法則を歪めてゆくのだ。

ちなみに、経済学者の考える従来の消費理論は「平均的な〝消費者の群れ〟から自然発生的に生じる欲求」を前提に分析されてきたが、ボードリヤールによると、そんなものはない。消費社会における欲求とは、**セレブやエリートをモデルとし、上から下へと浸透する、差別的で構造的な欲求**なのだ。なぜ彼はこんなことを言うのか？――それは彼が、消費社会を**「構造的に不平等な社会」**だと考えているからだ。

産業革命と民主主義のおかげで、僕らは**「平等に幸福になるべきだ」**という考えに至った。そして平等に幸福になるためには、**幸福は「計量可能で目に見えるもの」**でないといけない。そうでないと、他者の幸福と自分の幸福が平等か、分からないからだ。

なら、現代における幸福とはどういうものか？――それは**「モノと記号で測れる物質的安楽」**ということになる。言い換えれば**「消費社会と結びついた幸福」**だ。確かに消費社会と結びつけば、商品は「幸福を表示する記号」となって計量可能となるし、逆に「目に見えない幸福」「証拠を必要としない幸福」などのあいまいな要素は、一切除外される。これでこそ「平等に裏づけられた幸福」だ。

しかし現実には、社会には構造的な不平等が内在する。真の意味での万人の平等など実現できない。そのせいで今日は、平等が「偽りの平等」へとすり替えられてしまった。それは**「モノや社会的成功といった〝幸福の明白な記号〟で測る平等」**のことだ。

悲しいことに、この傾向は今日ほとんどすべての国で見られる。なぜならこれは「憲法上は民主主義だが、実は矛盾や不平等だらけ」の国における民主主義の姿であり、真の民主主義と平等の不在を隠ぺいする民主主義的イデオロギーであるからだ。

そういう意味でいうと、GNPや経済成長率などの数値を使って豊かさを分析するのも良くない。なぜならそれは「記号を追いかけること」であり、それをやると「豊かさの神話」を、提示してくる文脈通りに解釈することになってしまうからだ。数字はまさに神話と同じで、真実を伝えてはくれない。

ここでやるべきことは、頭を根本から切り替えて、**「豊かさの神話」を、その論理とは別の論理によって分析する**ことなのだ。

ガルブレイスは「豊かさの神話」を、文脈通りに受け取ってしまった人物だ。彼は『ゆたかな社会』で、富の再分配の不平等は、生産の増加・高い成長率で埋められたと述べた。確かにこれは、社会全体の富の絶対量を増やし、すべての人々の所得水準引き上げにつながるという意味では正しい。でも現実に、今なお先進国と途上国の間には格差があり、先進国内での所得格差もある。こんなひずみを持った世界の中で消費社会が安定しているということは、これは**そもそも消費社会が、富の絶対量が増えようが減ろうが、「最初から体系的に不平等を含んでいる」**としか考えられない。

そういう意味でいうと、この世にはみんながハッピーな「豊かな社会」も、みんなが不幸な「貧しい社会」もない。なぜならあらゆる社会は、構造的過剰と構造的窮乏を同時に内包しているからだ。「均衡」なんて概念は、経済学者の理想主義的幻覚にすぎない。どんなに成長を遂げている社会でも、そこには必ず社会的差異と差別が生まれる。

社会は平等でないからこそ、経営者と同じベンツを買ったサラリーマンがクビになったりするのだ。**使用価値の前では万人平等でも、記号としてのモノの価値の前では全然平等じゃない**。社会全体の富が増え、このサラリーマンの所得が増えても、この状況は変わらない。そう考えるとやはり「成長≠豊かさ」なのだ。**経済成長という概念は、この社会構造全体によって「豊かさから論理的に切り離されている」**のだ。

ボードリヤールは、消費社会は「疎外の社会」だという。確かに生産力はピークに達し、商品の論理が一般化し、今や労働過程に生産物、文化、性、人間関係などすべてを支配している。その中で人間は、自らの欲求や自ら作り出した生産物と向き合わず、ただ自分の並べた記号の中に内在する。すべては記号的秩序に包まれて存在し、やがてその記号システムに吸収される。**もはや消費の主体は個人ではなく、記号の秩序**だ。

今や**消費は1つの「神話」**だ。その神話は存在しないはずの豊かさを演出し、現代社会のモラルとなり、全体の状況を解釈するシステムとなり、未来に明るいユートピアを示す。さらに神話だからこそ、世の中には消費社会を称賛する声と、その悲劇的結末を批判する声が混在する。この批判ですら、神話をより強固にするための一部だ。

ボードリヤールは、この虚ろな神話の解体を期待して、本書を締めている。かなりひねくれ者のおじいさんだったが、久々にねっとりした哲学を堪能させていただきました。

**ポイント**

**「消費社会」の構造によって人間は「豊かさ」や「幸福」から切り離されている**

## 42『ムハマド・ユヌス自伝』（1998）

ムハマド・ユヌス

『ムハマド・ユヌス自伝』猪熊弘子 訳（ハヤカワノンフィクション文庫）

**経済学の名を騙る〝架空の物語〟は、もううんざり！**
**バングラデシュで貧困にあえぐ女性たちを救った**
**グラミン銀行の〝逆転の発想〟の融資制度とは？**

ムハマド・ユヌス（1940〜）バングラデシュの経済学者。バングラデシュのチッタゴン大学の経済学部長を務める。その後、貧困対策に尽力しグラミン銀行を創立する。2006年、ノーベル平和賞を受賞。

### 「貧困のない世界」を目指すムハマド・ユヌス

バングラデシュの経済学者・ユヌスは、2006年ノーベル平和賞を受賞した。受賞理由は**「底辺からの経済的および社会的発展の創造に対する努力」**。つまり彼は、ある画期的なシステムを考案することで、**人々が貧困から抜け出すための大きな出口を示すことに成功したのだ。**

そのシステムとは**「マイクロクレジット」**、実施主体は**「グラミン銀行」**だ。この功績が認められ、2006年はユヌスとグラミン銀行の両者にノーベル平和賞が贈られたのだ。

本書『ムハマド・ユヌス自伝』には、そのマイクロクレジットのすばらしさやグラミン銀行の設立・運営の苦労などが、余すところなく書かれている。

本書に出てくるユヌスは、とても〝熱い人〟だ。世界銀行にケンカを売り、聖職者と罵り合い、「こんな国で子育てできない！」という妻と離婚した。すべては、祖国の貧しい人々の助けになるためだ。

しかもこの人、文章がメチャメチャうまい。勉強するつもりで読み始めたのに、テンポがよくて読みやすい上に面白かったため、1日で読み切ってしまった。僕の読書は「線引き・メモ書き」をしながら丹念に進めてゆくので、1日で読み切ることはめったにない。でもこの本は、それをしながら1日で読めた。すごい。

**ユヌスの夢は、「貧困のない世界」を作ること**だ。彼の祖国・バングラデシュでは、40％もの人々が最低限の食事すらとれず、平均身長と体重はともに低下傾向にある。識字率もきわめて低く、75％の人々が読み書きできない。そのうえ人口密度が異常に高く、その多くが路上生活を余儀なくされていた。

しかも**バングラデシュは、女性差別がひどい**。この国には「パルダ」という風習があって、女性たちは社会から隔絶されている。勝手に外出できず、やむなき外出時には全身すっぽり覆うブルカを身にまとい、学校教育は受けられず、男性よりも価値の低い存在として扱われる。そのせいで、女性が結婚する時には多額の持参金が求められ、その存在は家族にとっても重荷になる。

そして結婚後は、夫に殴られ、お金の管理はさせてもらえず、食料不足の時には少ない食料を子供や夫優先で分け、自分の食べる分が確保できない。そのためバングラデシュでは、男性よりも女性の方が平均寿命が短い。

こんな「絵に描いたような最貧国」で生まれながら、ユヌスは真剣に「貧困なき世界」を目指してゆく。それではユヌスが示した「貧困から抜け出すための大きな出口」、どういうものか見ていこう。

## 経済学者の使命は貧困を解決する制度を見つけること

バングラデシュ第二の町・チッタゴンの中流家庭に生まれた彼は、地元のチッタゴン大学を卒業後、アメリカ留学を経て母校に戻り、経済学部長になった。つまり、超エリートというほどではないが相当エリートの部類に入る彼にとって、当初バングラデシュの貧困問題は自身にとって無縁なものだった。

ところが1974年、そんな彼の人生観を変えるほど、衝撃的な出来事が起こった。**「バングラデシュ大飢饉」**だ。この年、サイクロン・洪水・干ばつが続々とバングラデシュを襲い、約100万人が死んだといわれている。ユヌスは大学の外で貧困層から死んでいく現実に、経済学の無力さを感じ、愕然《がくぜん》とした。

経済理論とは、あらゆるタイプの経済問題を解決してくれるものじゃなかったのか？　私が学生たちに対し、いい気になって教えていたあのエレガントな理論は何だったんだ⁉　今人々が、私の目の前でスローモーションのように死んでいくのに、**経済学は何の役に立っている？　経済学の名を騙った〝架空の物語〟は、もううんざりだ！**

そして彼は、こう思うようになった。「貧しい人々の暮らしを本当に理解し、近くの村でも使われるような、本当に生きた経済学を見つけたい。経済学を学んでいる自分だからこそ、貧困をなくすために何かできることがあるはずだ」。

経済学者は、世界を俯瞰《ふかん》的に見て結論を出そうとするが、はるか高みから世界を見下ろすやり方では、細部がぼやけていることにも気づけない。彼は自分にできることを探すため、大学近郊の農村の実態を調査した。

この調査で、驚くべきことがわかった。この時彼は、竹の椅子《いす》を作って売っている42世帯に聞き取り調査をしたのだが、何と彼らは材料費27ドルが足りなくて苦しんでいたのだ。「1人が27ドル足りない」のではない。数十人全体で、わずか27ドルがなく、苦しんでいたのだ。

彼らはわずかな材料費がないばかりに高利貸しに頼り、週10%の暴利で金を借りる。そうすると儲けはほとんど残らず(1人あたり1日わずか2セント弱)、また高利貸しに借りる。なぜ高利貸しなんかに借りるのか? それは銀行が、貧しい人の求めに応じて金を貸す機関ではないからだ。

ユヌスは自分のポケットマネーから27ドルを出し、「あるとき払いの催促なしでいいから使ってくれ」と、その42世帯に金を貸した。

しかしその後、すぐに後悔した。——こんな感情的な解決方法は間違っている。これでは目先の村人たちの一時しのぎにはなっても、バングラデシュ全体、いや世界全体の貧困解決にはならない。私が**経済学者としてやるべきことは「制度的な解決方法」を見つけること**だったのだ。その場の罪悪感で小銭を恵んでやるんじゃなく、**「誰でもより手軽に融資を受けられる組織」を作る**

**ことこそ必要**だったのだ。

ポケットマネー程度の少額で救えるということは、何か手があるはずだ——ここからユヌスは**「何も持っていない人々に金を貸す制度」**を模索し始めた。

## 驚異の効果を発揮したグラミン銀行の奇跡

最初に彼が考えたのは「町の銀行に融資を依頼する」ことだった。銀行が貧しい村に金を貸してくれるようになれば、あの高利貸しとの悪循環を断ち切れるはずだ。

しかし銀行には、貧しい人に融資しようなどという意思はなかった。「字も書けないのに借用証書はどうする？」「奴らは担保もないんだぞ」——だがユヌスは、自分が彼らの保証人になると粘り、ついに銀行から金を借りることができた。

その結果、驚くべきことが分かった。何と**担保もない借り手たちの返済状況の方が、金持ちの返済率よりずっと良かった**のだ。

その他にも彼は、実験的な調査として何度か少額の金を貸し、その貸し方に工夫を加えていった。貸した金は、すべて返ってきた。

彼はこの調査と貸付経験に基づき、１９８３年ついに貧困層向けの銀行を設立した。それがグラミン銀行だ。

**グラミン銀行が顧客としたのは、主に「貧しい」「女性」だった。**これは既存の銀行が「豊かな」「男性」のみを顧客にしてきたのと、まったく逆の発想だった。

根強い性差別が横たわるバングラデシュでは、女性の方が変わりたがっていた――今まで何の機会も与えられなかった私にとって、これは千載一遇のチャンスよ。女なのに金を借りられる。しかも高利貸しでない所から。それを元手に農業や内職をやれば、女なのに蓄えを持てる。すごい！　何てことでしょう！　それさえあれば、もし夫から離婚を言い渡されても、飢饉で食べ物に困っても何とかなるわ。自分を守る経済的保証が得られるのよ。このチャンス、是が非でもモノにしないと――。

なるほど、確かにこれなら、女性の方が意欲があるし、借金を踏み倒して自ら再融資のチャンスをつぶすようなこともしなさそうだ。**ユヌスは当初「借り手の50％は女性」を目標にし、現在は94％が女性**になっている。

そしてその女性たちに対し、グラミン銀行は**「グループを組む」よう指導**している。これもよく考えられたやり方だ。つまりグラミンは、女性個人に対してではなく、何人かのグループに対して、まとめて融資を行うのだ。

そのグループは、家族以外の知り合いと数人で組むことになる。人間は自分1人の決断だと、心が挫《くじ》けてしまいやすい。特に保守的な農村部の女性ならなおさらだ。せっかく勇気を振り絞って現状打破を目指しても、周囲はそれを良くは思わない。夫との口論は絶えず、やがて自分が大それた決断をしてしまったのではと悩み始める。その時、相談相手や励まし合う仲間がいなければ、心細さに負けてしまう。そうすると「やっぱり私は、今のままでいいです」なんてことにもなり

## グラミン銀行

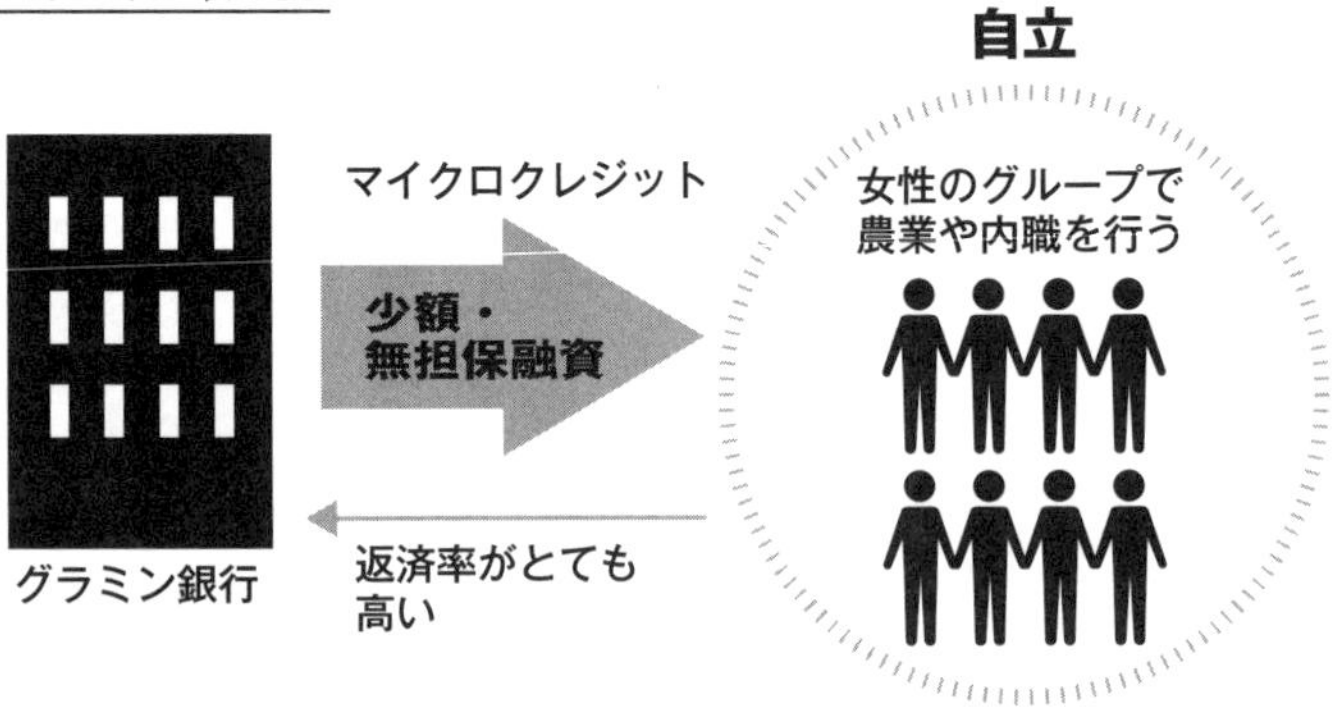


**顧客の94%が女性、返済率98%！**
**バングラデシュ全土に約2,200の支店を持つ**

かねない。また仮に借りても、夫から暴力を受ける・借りた金を取り上げられるなどがあった時に、守ってくれる仲間がいない。

でもグループなら、女性みんなで守り合える。しかも「ちゃんと返さないと、みんなに迷惑がかかる」「あの人には負けたくない」などの責任感や競争意識も芽生える。すべてがいい方向に転がるのだ。

そして**最初の返済ができた時、彼女に自信が生まれる**のだ。「私は自分の手でお金を稼ぎ、自分でお金を返せた。私には、このイスラム社会で男たちから言われていたよりも、ずっと価値があったのだ！」――グラミン銀行は、こうして女性の自立を促すことが、貧困のない世界への大いなる第一歩と考えているのだ。

そしてその融資方法は**「マイクロクレジット」**。世界でも類を見ない**「少額・無担保融資」**の始まりだ。これは従来の銀行が「高額・

有担保」を基本とするのと、まったく逆のやり方だ。
顧客である「女性」そのものを信頼し、グループ融資でさらなる保証がある以上、担保など取る意味はない。しかも彼女らが求めているのは「ほんのわずかな金」なのだ。グラミン銀行はこの画期的なやり方で**「貧困層の女性」という新たな市場を開拓し、市場ともども発展しつつ、貧困からの脱出につながる大きな出口を示した**のだ。

そうか、世界の貧困が解消されない原因は、「底辺にわずかな金が流れてこない」からだったのか。もちろんこれだけじゃないだろうけど、少なくとも**「貧困層に、誰かがわずかな金を貸す」だけで、状況は大きく改善される**んだな。

ちなみにユヌスについては、予備校の「政治経済」だけでなく、「倫理」の授業でも教えている。確かに彼の偉業は、「現代のヒューマニズム」で教えるのにふさわしい。受験生はガンジーやマザー・テレサと並んで、このユヌスも真剣に学んでいる。

ことごとく従来の銀行の「逆」を行くことで成功したグラミン銀行。現在ここは、バングラデシュ全土に約2200の支店を持つ大銀行になった。**顧客の94％は女性、返済率は驚異の98％と、見事に成功**している。さらにこのグラミン方式のマイクロクレジット・プログラムは、貧困救済の新たなモデルとして、アフリカ諸国や中南米など、世界58カ国で広く導入されている。

**ポイント**

**貧困層にわずかな金額でも金が流れることで状況は劇的に改善され得る**

# 43『貧困の克服』（1999）

アマルティア・セン

**アジア人としてのプライドを持ち、人間的発展を豊かな社会の基盤とする「東アジア戦略」を提唱。「人間の安全保障」を掲げ現実に立ち向かう**

『貧困の克服』大石りら 訳（集英社新書）

アマルティア・セン（1933〜）インドの経済学者。インドのジャダプール大学教授、デリー大学経済学教授を歴任。オックスフォード大学教授、ハーバード大学教授なども務める。1998年、アジア人として初めてノーベル経済学賞を受賞した。

## 日本びいきのアジア人初のノーベル経済学賞受賞者

アマルティア・センは、**アジア人として初めてノーベル経済学賞を受賞**した、インドの経済学者だ。

『貧困の克服』は、そのセンがアジア各国で行った4つの講演論文をまとめたものだ。聴衆に聞かせることを目的に書いているため、とても読みやすい。また、いろんなテーマを「センの視点」で見ているから、素材のとらえ方に一貫性がある。

あとこの人、「アジア愛」がすごい。詩人タゴール（アジア人初のノーベル文学賞受賞者）が創設した進歩的な「森の学校」で学んだため、**センの心にはアジア人としての強固なアイデンティティが形成されている**。だから彼は、祖国インドを愛するのは当然のこと、日本・中国・タイへの親近感も公言し、さらには西洋人の決めつけによるアジア観を批判している。彼の、一見もの静かな印象を与える文からは「アジアの多様性をナメないでください」という強い意志を感じる。

さらにこの人、**日本をメチャメチャほめてくれる**。後でも触れるが、日本発でアジアに広まった経済発展プロセスを高く評価してくれているのは、読んでいてとても嬉しい所だ。まるで、バブル後すっかりうだつの上がらない国になって勝手にいじけていた僕らに対し、「先輩の偉業、勉強になります！」と目を輝かせて言ってくれるかわいい後輩ができた気分だ。今やその後輩に追い抜かされそうな勢いだが、こういうことを言ってくれると、まだまだ背中を見せていかねばという気になってくる。ただ、故・小渕恵三総理大臣を褒めちぎるのは、ちょっとやりすぎ感があるな。センにとっては「人間の安全保障」の理解者でも、僕らにとってはただの鈍牛の平成男のブッチホンなんですよこの人。発言だってどうせ官僚原稿の棒読みなんだから、そんなに持ち上げないでくださいよ。

さあ、ではセンの『貧困の克服』、どんな内容なのか、見ていこう。

## 日本の「東アジアの奇跡」に学べ！

近年のアジア経済の発展にはめざましいものがあるが、その成功には、基盤となる共通の哲学がある。**「東アジア戦略」**だ。

東アジア戦略とは**「まず人間的発展を実現することが、豊かな社会を作り出す」**というものだ。

西欧の通念は「社会が豊かになってこそ、人間的発展はもたらされる」だから、完全に逆だ。つまり東アジア戦略ではそのようには考えず、「人間作りを国家発展のための土台」と考えるのだ。そして、そのための中心的要素となってくるのが、人間の**「潜在能力（ケイパビリティ）」**を高めることだ。

センによると潜在能力とは**「人間が良い生き方をするために、どうありたいか・何をしたいかを結びつける能力」**だ。これは個人が自由に決めていいもので、たとえば「良い栄養状態や健康状態」「幸せ」「愛する人のそばにいたい」「自分を誇りに思う」なども、すべて潜在能力になり得る。

つまり「自分の良い生き方に必要なもの＝自分にとっての潜在能力」というとらえ方で、センはこの考えに基づき、生活の質は所得や効用からではなく、潜在能力を通して見るべきだと訴える。

ここでセンは、東アジア戦略の立役者である日本を例にとるが、明治初期の日本が行ったのが、まさにこの「潜在能力を高めること」だった。

あの当時、**日本は「基礎教育と医療」を普及させたが、これはセンによれば、開国後の日本がよりよくあるための「潜在能力の育成」だった。**特に政府の公共活動で行われた基礎教育の徹底は、人々の識字率と計算能力を高め、そのおかげで人々は、その後の経済発展の波にスムーズに乗れたのだ。つまり**日本は、豊かになる前から「まず潜在能力を育成」して人間的発展を実現し、その人間を財産として「東アジアの奇跡」を実現**したのだ。すごいねご先祖さま。欧米の通念を見事に覆したってわけだ。

そしてセンは、インドも日本のあり方から学ぶべきだと訴える。つまりまず「貧しい人々のためになる」人間的発展と学校教育を普及させ、それを土台に今後の経済発展を実現していこうってことだ。

確かにインドは、それができていない。一部の人々は充実した高等教育すら受けられるというのに、全体的には、基礎教育の段階からして全然なっていない。

インドはもともと、一部の特権階級が社会を支配している。そのため行政機構も、万人向けの公共サービスよりも、彼らを軸とする巨大な官僚制の形成に力を入れてきた。でももう、そんなことをやってる場合じゃない。日本は基礎教育と医療を潜在能力に、どんどん先に行ってしまった。中国もインド同様巨大な官僚国家だが、毛沢東時代からその官僚主導で教育・医療を徹底し、それが今日の経済発展につながった。

ならばインドも、それをやるべきだ。**巨大な官僚機構の力を、許認可を牛耳る方向にではなく、教育・医療などの社会的チャンスの創出に向けるのだ**。これらは市場経済だけでは不足しがちなもの。だからこそ、政府が作ってやらないと。これこそが**「国家と市場の相互補完」**だ。

今世界では、小さな政府と自由市場の新自由主義的な経済発展パッケージが流行《はや》っているが、インドに「小さな政府」はまだ早い。それよりも「大きな政府」のままでいいからまずはそのあり方を変え、特権階級御用達の政府から全体の潜在能力発展を目指す政府へと、力点をシフトすることこそが大切なのだ。

## センの真骨頂「人間の安全保障」

ここまで見てきたように、経済発展するためには、まず人間の潜在能力（ケイパビリティ）を高めることも大切だ。

でも実は、もう1つ気をつけたいことがある。それは「**人間の安全保障**」を確実にすることだ。人間の安全保障とは「**人間の〝生存・生活・尊厳〟を脅かす、あらゆる脅威への取り組みを強化する」という考え方**だ。

「人間の安全保障」という言葉はセンが造った言葉で、1994年に国連開発計画（UNDP）が発表した「人間開発報告書」の中で初めて使われた。これをきっかけに考え方の整備が進み、ついに2001年、国連からは独立した組織として、センと緒方貞子（元国連難民高等弁務官）を共同議長とする「人間の安全保障委員会」を設立している。

この考え方のベースにあるものは、日本の故小渕首相が1998年の第1回「アジアの明日を創る知的対話」の基調演説で発言した人間存在のとらえ方、つまり「**人間は生存を脅かされたり、尊厳を冒されることなく創造的な生活を営むべき存在であると信じています**」だ。

この演説に、センは大いに感銘を受けた。そのせいで彼は、世界各国で講演に招かれるたびに、小渕首相を褒めちぎる。やめて〜！　この人たぶん官僚のカンペを棒読みしただけで、日本の歴代首相の中では中の下ぐらいなんです。あなたみたいな偉い人から褒められるような人ではないんです。センみたいな影響力のある人が小渕首相を褒めちぎると、なんか世界で間違ったブッチブームが起こりそうで怖い。ジャスティン・ビーバーが軽い気持ちで褒めツイートしたピコ太郎が、世界デビューを果たしたように。

しかし確かに、この考え方は大切だ。**「人間の生存・生活・尊厳」が脅威にさらされ続けていたのでは、せっかく潜在能力を高めても、突然の飢饉やエイズで台なしになる。**実際せっかく急成長を遂げてきたアジア経済も、１９９７年のアジア通貨危機一発で、人々から「生活の安泰」を奪ってしまった。

ならば今後は、「経済発展を目指そう」だけでなく、「人間の安全保障を伴った景気後退を目指そう」という一見後ろ向きなスローガンも、立派なスローガンになり得る。つまりいざ不況になっても、人間の安全保障さえしっかりしていれば大丈夫という考え方だ。そのためには、普段から万が一に備えたセーフティーネット作りを進めておくことも、長期的な成長戦略では大切になるということだ。

そのためには、教育・医療という潜在能力だけでなく、**「民主主義」**も重要になってくる。**民主主義が実現し、政策の透明化と市民の政治参加が可能になってこそ、人間の安全保障は強化**され、弱者が被害者になりやすい構造を打破することもできる。

よく「アジアに民主主義ははまらない。自由よりも秩序と規律、これがアジア的価値観だ」と言われるが、そんなことは全然ない。アジアの人も自由を好むし、そもそもあまりにも多様性に富んだアジアをひとくくりにしようとするのは乱暴すぎる。こんなのは欧米人のオリエンタリズムか、開発独裁を目指したかつての独裁者たちのたわ言だ。

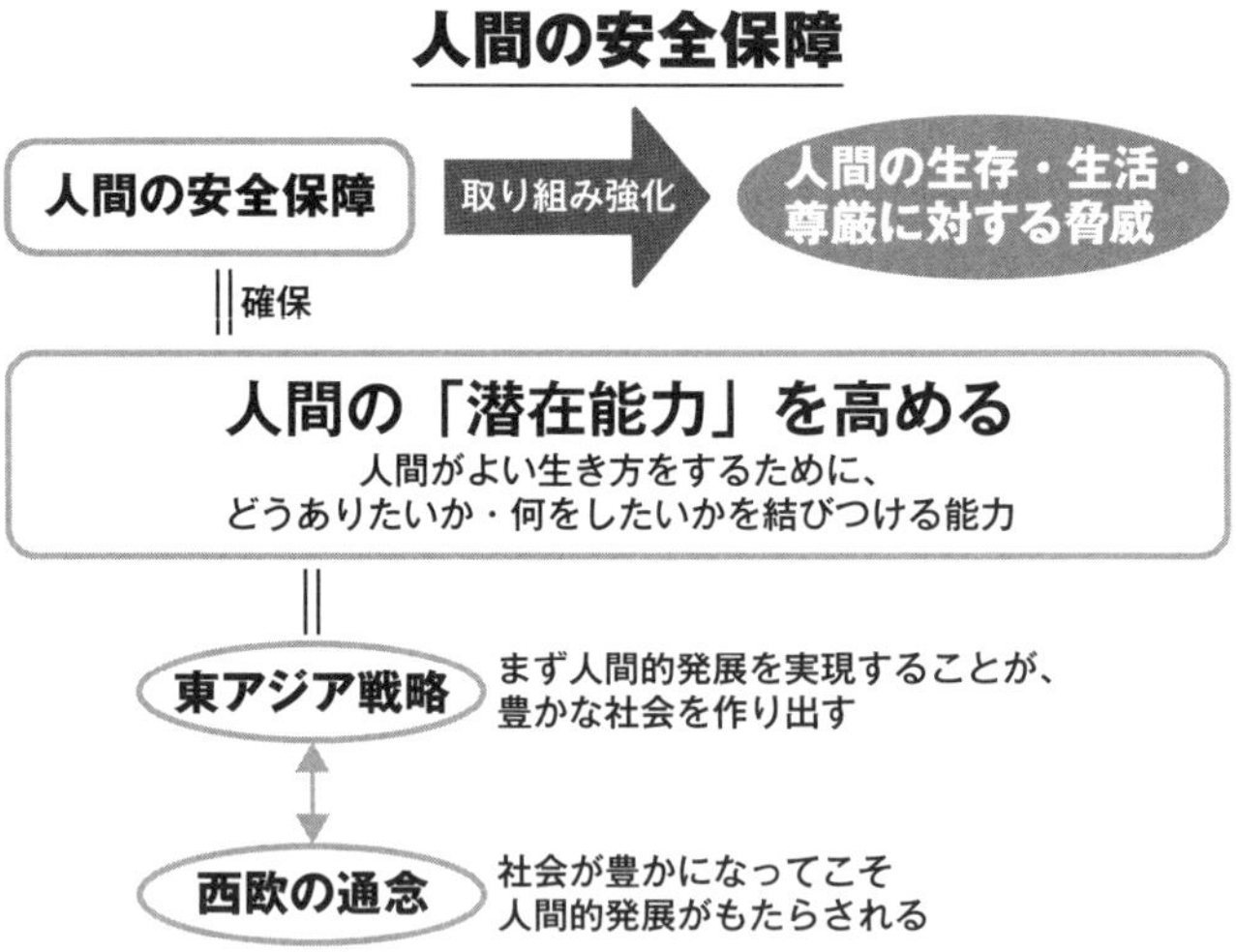
人間の安全保障
人間の安全保障
取り組み強化
人間の生存・生活・尊厳に対する脅威
確保
人間の「潜在能力」を高める
人間がよい生き方をするために、
どうありたいか・何をしたいかを結びつける能力
東アジア戦略
まず人間的発展を実現することが、
豊かな社会を作り出す
西欧の通念
社会が豊かになってこそ
人間的発展がもたらされる

当たり前だが、民主主義があってこそ、切実な危機に対処できる。市民が政治に参加でき、選挙で政治に圧力をかけられてこそ、不測の事態も切り抜けられる。本当にその通りだ。別にアジア人の体には「儒教100%」の成分表が貼られているわけでもないし、そもそもセンは、儒教もイメージよりもずっと自由度が高いと言っている。ならば僕らアジア人にとってだって、民主主義は我が身を守る砦《とりで》となるはずだ。

センとユヌスは、欧米人の価値観にとらわれず、本当にアジアが必要としている制度や考え方を真剣に考える点で共通している。この『貧困の克服』、読みやすい新書版だし、訳者の大石りらさんによる巻末付録「アマルティア・セン　人と思想」もセンへの愛にあふれ、まとめとしてもよく調べられた最高の内容なので、「近代化＝欧米化」に疑問を抱くような人は、ぜひ読んでみてほしい。

**ポイント**

**人間の〝生存・生活・尊厳〟が守られて初めて、社会は豊かになっていく**

## 44 『大脱出』（2013）

アンガス・ステュワート・ディートン

『大脱出』松本裕 訳（みすず書房）

**「貧困・欠乏・病気」は人間の自由を阻害し、たとえそこから逃れても新たな格差が生まれ続ける。私たちはどうすれば格差から〝大脱出〟できるのか？**

アンガス・ステュワート・ディートン（1945〜）アメリカ、イギリスの経済学者。イギリスのブリストル大学教授、アメリカのプリンストン大学の客員教授を務める。2015年、ノーベル経済学賞を受賞。

### 進歩が生み出した「新たな格差」とは何か？

『大脱出』は、2015年ノーベル経済学賞受賞者のディートンの著作だ。扱われるテーマは**「格差」**。とはいっても「今日のグローバル経済が、南北格差をさらに拡大させた。さあそこから脱出するぞ！」などという単純な話ではない。ディートンによると、21世紀の今日、**人類は先進国も途上国も、お金と健康の問題からの「大脱出に、すでに成功」している**のだ。

では何が問題なのか？――彼が問題としているのは**「脱出後」**の話だ。

確かに数字だけで見ると、世界全体の国民所得や平均余命は、昔とは比べ物にならないくらい伸びた。途上国だけでみても、これは同じだ。しかし運が平等でない以上、大脱出できた者の陰には必ず「取り残された者」もいる。それがまた新たな格差を生む。本書はそのような**「進歩が**

**生んだ、新たな格差」が人々の「幸福度」にどう影響しているのかを、健康面と所得面から考察した本**である。

本の作りはピケティ同様「データ重視」。つまりまず、1つの問題についてのグラフやデータを示した後、その問題が世界のあらゆる地域で「どう現れているか」をザーッと解説している。ということは、本書もピケティ同様、どうしても途中単調で眠くなる箇所がある。でも大丈夫。本書の方が全然薄い（350ページぐらい）から、気分的にかなり楽に乗り切れる。麓からちゃんと山頂が見えるような安心感だ。ピケティの本に感じた圧倒的立体感、あの冷やかし半分の読者を寄せつけない「標高の高さ」は感じない。

しかも本書は、面白い。**「金、健康、寿命」という誰もが関心を持つテーマ**の上、語り口にユーモアがあって退屈しない。口は悪くないが、時々ドキッとすることを言う。特にびっくりしたのが「低身長の人は、平均すると高身長の人よりも知性が低いということだ」という箇所だ（※僕の読書メモには「〝ということだ〟じゃねーよ。日本人ナメてんのか⁉」と書いてある。詳しくはご自分で読んでみて）。

あとこの人、訴えたいテーマでは相当熱くなり、熱くなればなるほど文が面白くなる。特に第7章に書かれていた**「援助（ODAなど）の弊害」**はメチャクチャ面白く、僕は残り30ページぐらいだったから読み飛ばす気マンマンだったのに、あまりに面白すぎて考え考え熟読し、結局そこだけで2時間ぐらいかけてしまった。

では前置きはこのくらいにして、さっそく『大脱出』、見てみよう。

## 健康や栄養状態から「幸福」の格差を見つける

格差はしばしば**「発展の副産物」**として生まれる。つまり、誰もが同時に金持ちになるわけでもなければ、誰もがすぐに健康になるわけでもない。

本書では、人間を幸福にする原動力として**「富と健康」**に注目する。

富と健康は、人間を幸福にするだけでなく、人間の「自由」と直結する。なぜならディートンの考える自由は、**「豊かに暮らす自由」と「生きがいを求め実現する自由」**の2つ。ということは、自由を実現するにはまず「富と健康」が必要であり、そしてその富と健康が原動力となって、初めて人間は幸福になれるというわけだ。

しかし世の中には、**自由を阻害する要素が多い。「貧困・欠乏・病気」**などだ。人類の大半は、長きにわたってこれら「自由の欠如」に苦しんできた。本書では、人類がこの牢獄から「なぜ・どうやって」脱走したか、その後どうなったのか、また取り残された人々の方はどうなったのかなどを語っている。

18世紀半ばに始まった産業革命より、すでに今日世界で見られる格差の大半は生まれている。この頃から、先進国では長期的かつ持続的な始まったが、途上国はそうはいかなかったのだ。なぜか？——実は途上国の多くは、この時「かつてのグローバル化」である帝国主義の犠牲になっていたのだ。

帝国主義は、先進国が新市場と資源獲得のため行った、植民地獲得競争だ。ということは当時

## 大脱出

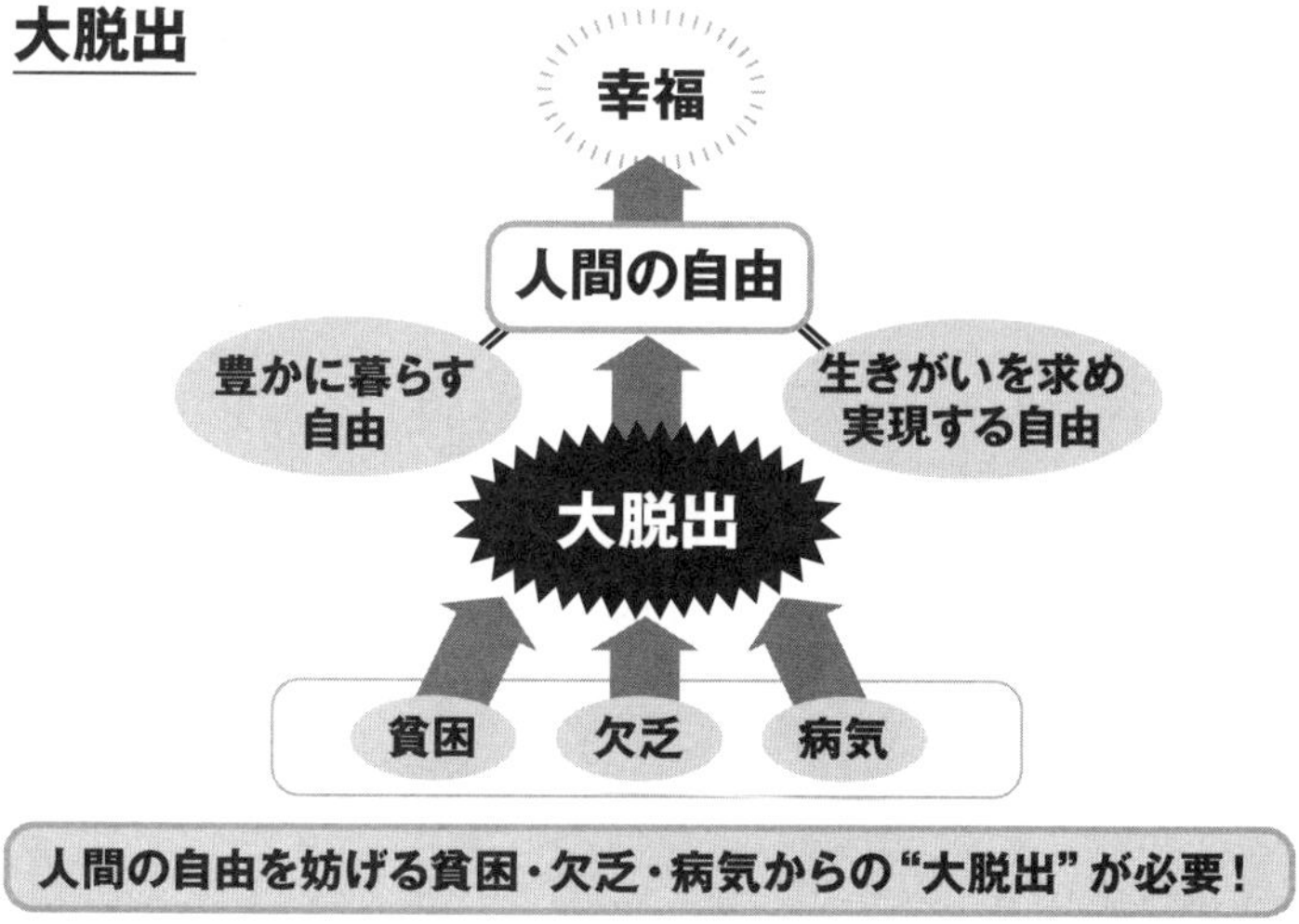


の先進国は、途上国を踏み切り台にしてモンスターボックスを跳び、その跳躍力を自分たちの発展の原動力としていたわけだ。そしてそこで生まれた格差が、そのまま埋まることなく、今日の格差の土台になっているのだ。

もしも先進国が反省し、「今まで悪かった。今度からは一緒に跳ぼうな」と言ってきてもダメ。それでは格差は埋まらない。本気で格差を埋めたいなら、今度は先進国が踏み切り板になって「俺を足蹴にして跳んで跳んで！」と言わないと。これをしない以上、両者の格差は埋まらない。

そこに追い打ちをかけるように始まったのが**「21世紀のグローバル化」**だ。グローバル化なんて**途上国から見たら、ただの形を変えた植民地政策**だ。格差があるまま世界を自由競争に巻き込むなんて、ただの弱い者イジメだ。これではますます格差が広がる。

そんな中でも、全体的な成長の勢いを借りて、うまく脱出できた国もある。中国やインドだ。でも相変わらず、取り残された国もある。アフリカ諸国だ。そうこうするうちに国内格差も広がり、**「格差が生む新たな格差」に苦しむ人が増えた**というわけだ。

一方、幸福を築く要素が「お金と健康」であるならば、**健康面も見ないと、幸福の格差は測れない**。豊かに暮らしつつ、生きがいにも金と時間はかけたい。ならば長生きは、ぜひとも実現させたいところだ。

途上国と先進国の寿命格差は、戦後大幅に縮んだ。大きく貢献したのは「公衆衛生」。つまり清潔な水・害虫駆除・抗生物質・様々なワクチンなどが途上国の幼児死亡率を大幅に下げ、先進国との差は縮まったのだ。ただし先進国も平均寿命が延びたため、格差はなかなかなくならない。ちなみに、途上国は幼児死亡率の低下、先進国は大人の慢性疾患の克服が寿命を延ばしているから、「平均余命」という意味では、途上国は大きく伸びた。確かに、75歳で死ぬはずだった人が80歳まで生きるより、0歳で死ぬはずの子が60歳まで生きる方が「余命」は伸びる。しかし、高額治療費の問題や、健康を犠牲にした経済成長政策など、まだまだ格差要因は多い。

健康を測るモノサシは、寿命だけではない。**栄養状況**もある。つまり幸福には**「栄養失調からの大脱出」**も必要だ。

ここで大事になってくるのが**「身長」**だ。身長は、それだけでは幸福の指標にならないが、栄養が足りているのかどうかの目安にはなる。幼少期か思春期に栄養が不足していた集団は、総じて低身長になる。かつては「身長は遺伝的に決まる」が通説だったが、**今は「身長こそ貧困の度**

**合いを測るモノサシ」と考えられるまで、栄養説が浸透**している。

ただし栄養が改善されても、効果が出るのに何世代もかかるため、結局平均身長は幸福を測るモノサシには適さないというのが、彼の結論だ。何じゃそりゃ⁉ 結局ディートンは、低身長の国をディスっただけかい！ 特にインド人はメチャメチャ言われてた。おい、怒れインド人！ 君たち読んでないと思われてるぞ。

## 広がり続ける所得格差と「過去最大の脱出」

ここからは**所得格差**の問題だ。本書では、大きく2つの地域を取り上げている。「アメリカ国内の所得格差」と「中国・インドの躍進」だ。

まずアメリカから見ると、ここ**30年、アメリカ国内の所得格差はとてつもなく大きくなっている**。これにはもちろん「底辺側の理由」（グローバル化で仕事を取られた・医療費増加・労働組合の低迷・移民に選挙権なしなど）もあるが、一番の理由はピケティでも見た例の**「スーパー経営者」**だ。

ピケティの時にも驚かされたが、今回も驚いた。本書によると、何とアメリカでは、給与所得者の0・01％は「平均年収2400万ドル（約26億円）」ももらっているのだ。

驚いたのは、金額じゃなくて％の方。0・01％なんて肉眼で見えないぐらい小っちゃそうだけど、アメリカの給与所得者は1億5000万人もいる。ということは、何と**1万5000人も**

**20億円クラスの給与所得者がいる**ってことだ。こんなスカウターがぶっ壊れそうなモンスターを1万5000人も混ぜ込んで、平均値なんか出しても意味はない。

経済学には**「パレート基準」**という考え方がある。これは**「効用（満足度）の悪化がないことを、善し悪しを測る基準とする考え」**のことで、この基準で見ると、**誰かが金持ちになり、他が誰も損さえしてなければ世の中は良くなった（＝パレート改善）ことになる**が、ここまで格差が広がると、パレート基準に納得する人なんて、誰もいなくなる。そらそうでしょう。年間20億円以上の社長の隣で年収400万円もらって「お互いよかったね」なんてニコニコしてる奴、絶対おかしい。

しかもアメリカ人の所得は、**最上位層の伸び率だけ異様に高く、中間層と低所得者層は全然伸びていない**。ここ30年で比較すると、下位90%の所得の伸び率はわずか1・9%なのに対し、上位1%は2・35「倍」。何で単位が違うんだよチキショー！　というわけでアメリカには、どうやら素晴らしいアメリカンドリームがあるにはあるが、それをつかむための**機会の平等が全然なってない**ことになる。

一方中国とインドだが、ディートンによると、この両国こそが**「過去最大の脱出」**の立役者だ。2018年現在、中国人口が13・9億人、インド人口が13・1億人だから、**両国が極貧状態から脱出するだけで、27億人が豊かになった**ことになる。まさに大脱出だ。しかもよく考えたら、人口がどんどん増えながら貧困から脱出するなんて、マルサスもびっくりの事実だ。でも現に地球は、この50年で40億人も人口を増やしながら、祖父母の代よりもずっと豊かな暮らしを実現している。

考えてみれば、別にごくつぶしばかりが40億人も生まれてきたわけではない。確かに全員引きこもりのニートなら、地球はマルサスの予言通り悪徳と貧困でメチャメチャになっていただろう。でもディートンも（＋かつて毛沢東も）言う通り、**「人が1人増えれば、飯を食う口は1つ増えるが、働く手は2本増える」**だから、生産性はむしろ上がったというのが真実だったってことか。

だからディートンは、先進国のおせっかいや途上国の非民主的政権が進める**「人口抑制」の流れを批判**している。「途上国は性欲のせいで欲しくもない子供を増やし、人口爆発を招いた。破滅するぞ」みたいなあれだ。しかし現実は、人口増加は破滅どころか、発展をもたらしている。しかも「性欲のせいで」なんて勝手に決めつけてるけど、ほとんどの親は、望んで子どもを産んだはずだ。これを抑圧して女性への不妊処置や「一人っ子政策」（※２０１５年終了）を進めるなんて、**人権侵害**もいいとこだ。

## 安易な援助の危険性とは？――「ＯＤＡのモラルハザード」

しかしこのような中国・インドの発展の陰には「取り残された国々」もある。最後に彼らを助けるための「援助」について見てみよう。

最初の方に書いたが、ディートンが熱く語る**「援助の弊害」**は、メチャメチャ面白かった。**「海外の善意という圧政」**――これがディートンのとらえる援助だ。本書でたった1回しか出てこない言葉だが、僕は心を奪われた。すごい！　これほど援助の本質を突いた言葉、今まで見たことない。まさにこの言葉は、僕が今までＯＤＡに感じていたモヤモヤを、お見事というほかないほど的確に表した言葉だ。

お分かりだろうが、ディートンは援助を良いものと思っていない。というかメチャ嫌っている。なぜなら**援助こそが、民主主義を妨げる要因になることが多い**からだ。

**援助の一番まずい点は、税金以外の巨額の収入源を、その国の政府に与えてしまうこと**だ。考えてみれば、政府事業や国防、法整備などは、国民（＝納税者）というスポンサーがいて、初めて成立するものだ。ところが海外援助は、それを不要とする。つまり「国民の合意の下に集めた金〝じゃない金〟」を使って、それらを成立させてしまうのだ。ならば援助をたっぷりもらっている政府は、国民の顔色をうかがう必要がなくなるため、政治が民主的でなくなる危険が出てくるのだ。

僕らは税金が嫌いだが、逆に**「課税の必要性のない政治」ほど、民主主義にとって怖いものはない**。巨額のＯＤＡは、まさにこれを実現してしまう。これは**「ＯＤＡのモラルハザード」**と言ってもよい問題だな。このままではＯＤＡは、アフリカの小国で独裁政権を擁護する「マヌケで有害な金」になってしまう。

仮に援助国が「民主的に使え！」と脅しても、効果はない。いったんもらったＯＤＡは、いくらでも別用途に流用可能だからだ。たとえば「援助がなくてもダムを作るつもりで金を準備していた国」が、もらった援助でダムを作った「ことにし」、浮いた金で核ミサイルを作ったとしても、簡単な帳簿のつけ替え1つでバレないのだ。

冷戦期より地政学上の思惑が減った今日、援助国の多くは、純粋な善意から途上国を援助する。でもその援助が現地の政治を汚染し、民主主義を阻害する。**あげた側も「あげた事実」に満足し、何に使われたかまで関心を持たない。**これは非常にまずい。

だからディートンは、こう主張する。「我々がやるべきことは、彼らの自立の邪魔をしないことだ。彼らが自力で立ち上がれるよう道をあけ、邪魔になっている行為をやめることだ。**援助は我々がやっていることの中で、特に邪魔になっていることの1つだ。**我々がするべきなのは、何をするべきか〝考えるのをやめる〟ことなのだ」。

**民主主義のないところに自由はなく、自由のないところに幸福はない。**ディートンの援助の弊害についての思いは、とても深く、面白い。ページが足りなくてすべてを書くことはできないが、ぜひ読んでみてほしい。

**ポイント**

**先進国であれ途上国であれ、経済発展は絶えず新たな格差を生み続けている**

## 45『経済学原理』（1848）

ジョン・スチュアート・ミル

『経済学原理』末永茂喜 訳（岩波文庫）

**「古典派経済学の集大成」とも呼ばれる名著。スミスとリカードの議論を統合するも、要所要所で甘い「改良主義」の香りが漂う**

ジョン・スチュアート・ミル（1806〜1873）イギリスの哲学者、経済思想家。父で哲学者・経済学者のジェームズ・ミルから英才教育を受け早熟の才を見せる。自由主義者、社会主義者を標榜した。

### 早熟な天才の経済分析は常に甘め？

ミルは哲学・政治学・経済学など、各方面に名を残した多才な人物だ。

彼は父の教育方針で、幼い頃から異常ともいえるほどの英才教育を受けてきた。そのため12歳までにギリシャ語・ラテン語・代数・幾何・微分を習得し、それらを土台に13歳から経済学を学んだ。使用テキストはリカードの『経済学および課税の原理』（マジか⁉）。しかもその間、ただの一度も学校に通っていない。学校なんて行ってもロクな友人ができず、悪い遊びや怠惰な生活を覚えるだけだと父が考えたからだ。

これは相当弊害のありそうな教育だ。実際ミルは20歳の時、彼自身が「精神の危機」と呼ぶ抑うつ状態に陥った。ちょうどその頃、サン・シモンの空想的社会主義に触れたせいか、彼の思想はこの時期を境に、強い道徳性を帯び始める。ミルは自らを「社会主義者」と呼ぶようになり、「特権階級への富の集中は悪」「貧しき者に教育を施すことは社会全体の利益に」など、改良主義的方向に傾倒していく。

彼が書いた『経済学原理』にも、そういう匂いが漂っている。この本は**「古典派経済学の集大成」**とも呼ばれる名著だが、優れた分析がなされている半面、要所要所で甘い改良主義の香りがするのだ。

ミルは同書で、**経済の生産面と分配面を研究したスミスとリカードの経済学を、批判的に統合した**。この成果は高く評価され、マーシャルの『経済学原理』が出版されるまでの間、古典派経済学の代表的な教科書として使われた。その中でミルは、「社会改良主義」についても言及する。これはリカードの分配法則を道徳的に修正したものだが、これが「甘め」の部分だ。

ミルは、世の不平等をなくすため、「生産と分配のあり方」を再検討した。その結果、**「生産」のあり方は自然条件（たとえば工業用地や資源）などに左右されるため変えられないが、「分配」のあり方なら、人間の努力でいくらでも変えられる**と考えた。

その努力とは「道徳教育の徹底」。これをやれば資本家の側が「不平等は良くない」と反省し、制度変革につなげてくれるというものだ。さらにミルは、欲望うずまく経済発展が停滞した「静止状態」を理想的市民社会とし、そこで労働時間の短縮、公平な分配、賢明な利己心と共感能力、労働者の生活水準の向上と人間的成長などが実現することを訴えた。

うーん、どうも経済学者たちの激辛な文章に慣れてしまったせいか、ミルの甘口は胃にもたれる。この際はっきり言います。お父さん、アンタが悪い。

## 46『ゼロ・サム社会』（1980）

レスター・サロー

**1980年代、景気が低迷するアメリカで、社会の誰かが損失を被るという犠牲なしに経済の復活はないと主張するシビアな議論**

『ゼロ・サム社会』岸本重陳 訳（阪急コミュニケーションズ）

レスター・サロー（1938〜2016）
アメリカの経済学者。マサチューセッツ工科大学教授、同大学の経営学大学院スローン・スクール（ビジネス・スクール）校長などを務める。

### 誰かが損をしない限り、誰か豊かになることはない!?

この本は、成長の鈍化した**「アメリカ経済への警告の書」**だ。

ゼロ・サムとは「零和」、つまり「足すとゼロになる」関係のことだ。サローはこれを経済の状況にあてはめ、**経済成長が止まった社会では、富や資源の量が一定になるため、誰かが利益を得れば、必ずその分だけ損をする人間が出てくる**と主張した。こういう社会を**「ゼロ・サム社会」**という。

本書が書かれた1980年代初頭、アメリカはまさにそれを実感していた。かつて世界最高の生活水準を実現したアメリカは、今やその地位から転落し、年々さらに下位の方にすべり落ちつつある。富の量で中東に負け、生産性の上昇率で日独に負け、1人あたりGNPは世界5位にまで下がった。今のアメリカがやっていることは、他国の文句を言うことだけだ。「中東は、生産ではなく富の相続（地下資源）で豊かになっていてずるい」「日本の貿易は不公正だ」――自分たちも資源持ち（単に相続財産を使い果たしただけ）のくせに。自分たちは自分で作れないビデオレコーダーを日本から「買わせてもらっている」だけのくせに。

日独は、敗戦をバネに、消費と生活水準を犠牲にして驚異的な経済成長を達成した。対してアメリカは、いまだかつて消費と生活水準を犠牲にしたことも、日独のような高度成長を果たしたこともない。でも今のアメリカは、成長が止まっている。富はこのままでは増えず、生活水準はどんどん下がる。何とかしないと。

サローによると、アメリカ経済の諸問題は解決可能だ。ただし**そのすべては、「誰かが大きな経済的損失を負担」することによってのみ実現する**。すでに成長が止まり、富の量が一定になった**アメリカでは、経済学は「損失の分配」の学問、経済政策はゼロ・サム・ゲームの世界なのだ**。その結果、すべての経済政策は、「平均すれば」社会を前より豊かにしてくれるかわりに、世の中に確実に「それで豊かになる人と、ババを引かされる人」を作り出してしまうのだ。

かつて損失は、弱者に押しつければよかった。しかし今の民主主義社会では、弱者は戦う術《すべ》を覚え、そう易々と負けてくれない。でも損失分配が前提だから、ゼロ・サムなしに全体を幸せにもできない。経済成長で全体の所得を高めるというごまかしも、もう通用しない。いかに中世貴族やインド人より豊かでも、俺が住んでるのは現代のアメリカだ。この国で俺だけ損をするのはイヤだ！　でもゼロ・サム社会にいる以上、損失の分配からは逃げられない。さあ誰の所得を下げようか――そういう本です。

## 47『ソロスの錬金術』(1987)

『ソロスの錬金術』青柳孝直 訳(総合法令出版)

ジョージ・ソロス

**数々の伝説を持つ「NYの錬金術師」の持論は、「市場は常に間違っている」。他のプレーヤーたちの誤りを的確に金に換える金融市場の申し子**

ジョージ・ソロス(1930〜)
巨大ヘッジファンドであるクオンタム・ファンドの総帥として活躍。「史上最強の相場師」と称されている。

### 一国の通貨の価値をも左右しうる剛腕

ジョージ・ソロスは**「史上最強の相場師」**と呼ばれている。彼は世界最大のヘッジ・ファンド「クォンタム・ファンド」の総帥だ。「イングランド銀行に勝った男」「アジア通貨危機の仕掛け人」など数々の伝説があり、ウォール街の長者番付では、1990〜1993年まで4年連続第1位だった。

ヘッジ・ファンドの運用の基本は「カネがカネを生む」。当然それには、莫大な「タネ銭」が要る。彼らにはそれができる。なぜならファンドは、世界の富裕層や機関投資家から預かった莫大な金を増やすのが仕事の〝投資のプロ〟だ。しかもヘッジ・ファンドは、もともとリスク・ヘッジ(回避)のために作られたのにハイリスク・ハイリターンが大好きで、通常とは逆張り的に、不況局面で仕掛ける手法に長《た》けている。

ソロスの得意技は、**弱い国を「カネの力で圧し潰す」**こと。たとえば1997年のアジア通貨危機では、弱い途上国であるタイの通貨バーツを思いっきり買い占め、価値が極限まで上がった（超バーツ高になった）瞬間、今度は一気にバーツを売り浴びせた。「バーツの価値が変わるほどの買い占め」なんて、他の誰もできない。ソロスはこの手法でタイを始めとするアジア経済を大混乱に陥れ、マレーシアのマハティール首相から「ソロスは国際犯罪人」と非難されたのだ。

またソロスは1992年のいわゆる「ポンド危機」で、何とイングランド銀行にケンカを売っている。当時のイギリスは、不況で本来なら金利を下げたいのに、ERM（欧州為替相場メカニズム）というEC（欧州共同体）共通の通貨制度のせいで、自国の判断だけでは金利を下げられず、ドイツが決めた高金利に連動させられていた。

金利が高すぎると、企業が不況対策用の金を借りられない上、ポンドの流通量が減ってポンド高になり、輸出にも悪影響が出る。今のイギリスは重病人、誰の目にも明らかだった。なのにドイツは、ポンド救済のために金利を下げてはくれなかった（この頃からイギリスの「ユーロ不信」は始まっている）。ソロスは、イングランド銀行に相場を支える力がないと見抜き、満を持して今度はポンドを「売り浴びせ→買い戻し」して、大儲けしたのだ。

ソロスの持論は**「市場は常に間違っている」**だ。これ、すごい言葉だな。なぜなら「常に」とは「100％」という意味だからだ。この言葉の真意は「多数の市場参加者の行動の中には、必ず間違いが含まれている」ということだ。

そしてソロスはその間違いを見逃さず、金に換える。まさに「NYの錬金術師」だ。

## 48『厚生経済学』（1920）

アーサー・セシル・ピグー

『知識と実践の厚生経済学』高見典和 訳（ミネルヴァ書房）

**人道主義的見地から経済学を研究し、倫理的に人々を幸せにする方法を模索。厚生経済学を創始し、「環境税」のアイデアを生んだ！**

アーサー・セシル・ピグー（1877〜1959）イギリスの経済学者。ケンブリッジ大学教授を務める。マーシャルの後継者として厚生経済学を確立した。

厚生経済学者ピグーは、もともとは哲学者だった。

ベンサムの功利主義（「最大多数の最大幸福」を目指す）の伝統を受け継ぎ、**「万人の効用総和を最大化」させ、社会の経済的厚生（福祉）の実現を目指すのが、ピグーの厚生経済学**だ。

もともとピグーは経済学者ではなく「人道主義的な哲学者」だった。その彼が20世紀初頭のイギリスで失業や貧困に触れ、その解決方法を模索した結果、貧者を助ける真の分配を求めて経済学に足を踏み入れたのだ。だからピグーの経済学は、他の人とはちょっと違う。他の人の経済学が、欲得まみれの仁義なき弱肉強食の世界を描いている時、ピグーの厚生経済学では**「倫理的なやり方で、人々に福祉という果実をもたらす」方法**を模索する。

そのピグーの厚生経済学最高のアイデアとなったのが、「環境税」だ。これは「外部不経済の内部化」（売り手・買い手以外の人にかけた迷惑を、売り手と買い手で解決する）の1つで、公害発生企業から環境税を徴収し、その税を福祉に充てるという考え方だ。この税は別名「ピグー税」とも呼ばれるようになった。

# 49『貧乏物語』（1947）

『貧乏物語』河上肇（岩波文庫）

河上肇

**「貧乏」の種類や原因、その〝退治〟の仕方など力強い論を進める。科学的な真理と宗教的な真理の双方を追究した迫力ある評論**

河上肇（1879〜1946）日本の経済学者。京都大学教授を務めるが、マルクス主義経済学の研究を行い、大学を追われる。その後、共産党に入党し投獄された。

河上肇は、昭和初期の日本を代表するマルクス主義経済学者だが、いろんな側面がある。まず彼は、幕末の志士を多数輩出した出身地・山口で、求道と報国の精神を学んだ。その後、内村鑑三・木下尚江らの講演を聴き、「絶対的な無我主義」（つまり利他の心）に感激した。さらにトルストイに触れ、人道主義にも目覚めた。こうして正義感とヒューマニズムにあふれた彼が最後に行きついたのが、「貧しき者の味方」・マルクス主義だった。ただ彼は、社会主義者になってからも宗教的な利他の心は捨てず、**科学的真理と宗教的真理の両立を主張するユニークな社会主義者**となった。

河上の著書『貧乏物語』は、小説ではなく評論だ。1916年に「大阪朝日新聞」に連載されたその評論には、迫力満点の力強い筆致で「貧乏の種類・先進国の貧困の実態・貧乏の原因（奢侈品の生産に資本や労働が回された結果、必需品が不足）と貧乏退治の方法（金持ちは奢侈品消費を抑えるべし）」などが書かれている。

『貧乏物語』は「青空文庫」になっているので、ネット上で無料で読める。ぜひ読んでみよう。

## 50 『隷属なき道』(2017)

ルトガー・ブレグマン

**現代社会の生産能力はあり余り、もはや必死に働く必要などない! 「ベーシックインカム制度」を導入し、何者にも縛られない生活を手に入れよう**

『隷属なき道』野中香方子 訳(文藝春秋)

ルトガー・ブレグマン(1988〜)
オランダの歴史家、ジャーナリスト。ベーシックインカムの導入を提唱し、国際的に講演活動を行っている。

スマホにタブレットにハイブリッドカー……。物質的には豊かになったのに、何で気分はこんなに詰んでいるんだろう?――それは金がなくなることが怖いからだ!

生きるためには金がいるし、金を得るには職がいる。でも今は、世に職業はそんなに必要ない。生産能力はあり余っているし、技術革新だってめざましい。はっきり言って僕らの労働時間を半分以下に減らしたところで、モノが足りなくなったりしない。そう、**今日の生産活動の大半は「必需品を生み出すための生産」ではなく「雇用を維持するための生産」**なのだ。

こんな不毛なことはもうやめよう。人々の労働時間を大幅に減らして、かわりに「ベーシックインカム制度」を導入すればいい。ベーシックインカムとは「すべての人に必要最小限の所得を無条件で保障」する制度で、昨今欧州で実験的に導入する国が出始めている。

もう**福祉も長時間労働もいらない。必要なのはベーシックインカム**だ。お金を直接もらえる保証、これに勝る処方箋はない。詰んだ気分を払拭して、生活を真に豊かにしよう。これがブレグマンの訴える「隷従なき道」だ。

蔭山克秀（かげやま　かつひで）
愛媛県出身。早稲田大学政治経済学部経済学科卒。現在、代々木ゼミナール公民科講師として、「現代社会」「政治・経済」「倫理」を指導し、それらはすべてサテライン映像授業で全国配信されている。最新時事や重要用語を網羅したビジュアルな板書と、「政治」「経済」の複雑なメカニズムに関する本格的かつ易しい説明により、センター試験受験者から早大を中心とする難関大学志望者まで、あらゆるレベルの受講生から「先生の授業だけは別次元」という至高の評価を受ける。『蔭山克秀の政治・経済が面白いほどわかる本 大学入試 改訂第2版』（KADOKAWA）、『やりなおす経済史 本当はよくわかっていない人の2時間で読む教養入門』（ダイヤモンド社）、『蔭山のセンター政治・経済』（学研教育出版）など著書多数。

経済学《けいざいがく》の名著《めいちょ》50冊《さつ》が1冊《さつ》でざっと学《まな》べる

2018年 8月31日　初版発行
2018年10月25日　3版発行

著者／蔭山《かげやま》 克秀《かつひで》

発行者／川金 正法

発行／株式会社KADOKAWA
〒102-8177　東京都千代田区富士見2-13-3
電話 0570-002-301（ナビダイヤル）

印刷所／図書印刷株式会社


ISBN 978-4-04-602040-6　C0033